Stefan Herok
NervenSegen

Stefan Herok

# NervenSegen

Das Trostbüchlein
für strapazierte katholische Seelen

Patmos Verlag

**VERLAGSGRUPPE PATMOS**

PATMOS
ESCHBACH
GRÜNEWALD
THORBECKE
SCHWABEN
VER SACRUM

Die Verlagsgruppe
mit Sinn für das Leben

Die Verlagsgruppe Patmos ist sich ihrer Verantwortung gegenüber unserer Umwelt bewusst. Wir folgen dem Prinzip der Nachhaltigkeit und streben den Einklang von wirtschaftlicher Entwicklung, sozialer Sicherheit und Erhaltung unserer natürlichen Lebensgrundlagen an. Näheres zur Nachhaltigkeitsstrategie der Verlagsgruppe Patmos auf unserer Website www.verlagsgruppe-patmos.de/nachhaltig-gut-leben

© 2023 Patmos Verlag
Verlagsgruppe Patmos in der Schwabenverlag AG, Ostfildern
www.verlagsgruppe-patmos.de

Umschlaggestaltung: Finken & Bumiller, Stuttgart
Satz: Schwabenverlag AG, Ostfildern
Druck: GGP Media GmbH, Pößneck
Hergestellt in Deutschland
ISBN 978-3-8436-1479-5

# Inhalt

Wenn wir manchmal lieber fortlaufen wollten ... und wenn zu bleiben durchaus den größeren Mut erfordert ... woher kommt dann die Kraft, durchzuhalten und weitere Rückschläge hinzunehmen? Beziehungsweise – um im Bild des Buchcovers zu bleiben – Kratzer an der Seele oder tiefere Einschnitte und Verwundungen durch unsere NervenSägenKirche?

Solche Rückschläge sind ja irgendwie vorprogrammiert angesichts der Käfteverteilung und Machtverhältnisse in dieser unserer realvegetierenden Kirche. Wer wird uns dann Mut machen statt Vorhaltungen?

Wir bräuchten dann mehr als nur mitleidig-zynische Kommentator:innen, die geflissentlich den Kopf schütteln und mit den Schultern zucken, warum wir denn immer noch in dieser Kirche ausharren ... und dass wir wohl irgendwie unverbesserlich seien, wahrscheinlich leidensverliebt und insgesamt natürlich selbst schuld. Und offensichtlich persönlich so wenig zu retten wie diese Kirche selbst. Die habe nun doch wirklich den letzten Rest an Vertrauen und Reputation verspielt und verdiene weder Mitleid noch Gnade. Erst recht nicht dieses finanzamtsorganisierte KirchensteuerGepamper, von den unsäglichen Staatsdotationen ganz zu schweigen. »Dass du dir dafür nicht zu schade bist ...«

Wenn diese pseudoempathische Kirchenschelte, die wir selbst natürlich in allen Punkten locker noch überbieten könnten, aber nun mal gar nichts nützt, weil wir ja schließlich nicht aus träger Unentschlossenheit bei dieser

LameDuckKirche ausharren ... auch keineswegs nur aus alter Gewohnheit oder wegen persönlicher Scheu vor Veränderung ... erst recht nicht, weil wir etwa realitätsblind wären ... was man von einem beträchtlichen Teil der ebenfalls in der Kirche Verbleibenden – vor allem in den »höheren Etagen« von Amt und Hierarchie – möglicherweise annehmen muss ... weil die manchmal Probleme gar nicht wahrhaben wollen. Und wenn doch, dann kommen diese natürlich nur »von außen« und sind ausschließlich dieser fürchterlichen »Verweltlichung des Glaubens« geschuldet ...

Wenn wir also – von den innerkirchlich Andersdenkenden beargwöhnt und von den außerkirchlich Andersdenkenden belächelt – treu in dieser Kirche ausharren, weil wir sie *trotz alledem* halt doch immer noch von Herzen lieben ... weil wir zuallererst ihre Botschaft immer noch so unübertroffen wie existenziell und gesellschaftlich notwendig finden ... und weil wir zuallerzweit einfach so hoffnungslose wie hoffnungsvoll-sehnsüchtige GemeinschaftsOptimisten und -innen sind ... was durch das weitgehende Totalversagen des amtlichen Botschafts-Personals und ihr vielfaches NervenSägenPotenzial zwar enorm erschwert, aber eben doch keineswegs entplausibilisiert wird ... und weil wir vor allem ja einfach auch nicht wüssten, *wohin* wir denn austreten sollten, wenn wir nicht im religiösen Niemandsland landen wollen oder bei nur wieder andersgelagerten, aber höchst vergleichbaren ProblemStellungen ...

Wenn wir also einfach in dieser Kirche bleiben wollen, die aber gleichzeitig nicht *diese* Kirche bleiben soll, sondern sich für/mit/durch uns zu einer besseren verwandeln ...

11

DANN brauchen wir einfach Trost. Echten, tiefen, warmen, süßen Trost. Nein, keine billige Beschwichtigung, Vertröstung und Schönfärberei, sondern Balsam für unsere strapazierten Nerven und die wunde katholische Seele.

Die Salbung des Christenmenschen mit heiligem Öl und mit gutem, stärkendem Wort, wenn er in lebensentscheidenden Situationen ist oder in Not, das ist eines der edelsten Rituale, eine der wichtigsten Gesten kirchkatholischen Lebens. Eine besondere Form ihres Segens. Das hat immer sakramentalen Charakter. Die Texte, die ich hier vorlege, möchte ich in sanfter Hybris gern als einen solchen NervenSegen verstanden wissen.

## Balsam für die Seele

Angerührt von dieser Sehnsucht nach Trost und diesem Bedürfnis nach Balsam, habe ich intensiv in den Regalen und Schubfächern meiner »Dr.HeiligGeistSeelenApotheke« gestöbert, was ich denn so für euch, liebe KirchenBeharrliche, an erprobten Hausmitteln in Sachen Trost parat hätte. Was dabei zusammenkam, lege ich zwischen diesen Buchdeckeln zur freundlichen Erprobung und Anwendung vor. Manches ist tatsächlich ein bisschen salbungsvoll, manche Worte gehen – wie ich hoffe – runter wie Öl. Manchem ist durchaus ein Hauch von Bitternis beigemischt, weil heilende Medizin ja selten einfach süß ist ...

Es ist Theologisches dabei, Biblisches und Pastorales, Meditatives wie Mediatorisches, KirchenLehre gegen KirchenLeere, HerzGedanken und VerstandsGefühle ...

Ein biblisch verwurzeltes Sprichwort (Lukas 6,45) sagt: Wovon das Herz voll ist, davon läuft der Mund über

– im heiteren Überschwang frohen Gelingens. Manchen Texten eignet dieses seltene Moment von kirchenfroher GlücksStimmung in positiver Tonart.

Was aber, wenn nicht das Herz zum Überlaufen voll ist, sondern die Galle? Auch das darf raus und die Seele muss sich Luft machen, wenn wir nicht an und in dieser Kirche versauern wollen.

Es ist schön, wenn uns der Hoffnungsmodus von »Was lange währt, wird endlich gut« durch diese kirchlich oft rückwärtsgewandten Zeiten zu tragen vermag. Wenn er uns in dieser Kirche aber doch allzu oft beschädigt bis ausgetrieben wird, dieser Hoffnungsmodus, dann dürfen wir – wenn nicht gleich die Fetzen – so doch die Buchstaben fliegen lassen: Nur zwei Anfangsbuchstaben miteinander vertauschen, ein kleines h verschwinden lassen, und schon wird aus dem geduldigen »Was lange währt, wird endlich gut« ein dynamisch-kämpferisches »Was lange gärt, wird endlich Wut!«

Und hier kommt dann noch einmal auf ganz andere Weise der Titel »NervenSegen« ins Spiel. Es geht tatsächlich nicht nur um NervenSegen *gegen* NervenSägen, also gegen das seelische Belastungspotenzial, das unsere Kirche uns in ihrer Reformresistenz zumutet. Es geht auch um NervenSegen *durch* NervenSägen. Angesichts so mancher tiefen Aussichtslosigkeit und heftiger Rückschläge in Sachen KirchenReformen müssen Ausdauer und Intensität mancher kritischen Forderung an diese unsere Kirche – und die Standfestigkeit der Protagonisten, die sie vortragen – schon deutlichen NervCharakter annehmen, um ihren Segen vielleicht doch noch irgendwann entfalten zu können. Die NervenSägenEigenschaf-

ten unseres Kirchturms auf dem Umschlag als Wesens-
merkmal von Kirche gehen also in zweierlei Richtung:
einmal *fordern* sie sehr dringlich NervenSegen und einmal *fördern* sie ihn ...

## Bewährtes Hausmittel: Humor

Eine besondere Rolle spielt in meiner Dr.HeiligGeistSee-
lenApotheke ganz unbedingt »des Himmels zweitbeste
Kraft«: der Humor. Er vermag es, dem pastoral ausgehun-
gerten Herzen und der vertrocknend-eingeschrumpelten
Seele frisch Saft und Kraft zu verleihen. Wenn kirchlich
in der Kraft des Himmels höchst bedeutsame VerWandlung möglich ist, eucharistisch Brot&Wein»in»Fleisch&
Blut und österlich Tod»in»Leben, dann sollte uns
doch auch als durchaus wesentliche Vorstufe von Auf-
erstehung die wunderbare GlücksVermehrung gelingen,
KirchenFrust»in»KirchenLust zu verwandeln.

Stellenweise ist mir beim Stöbern das »Dr.« vor der
»HeiligGeistSeelenApotheke« irgendwie aus der Rolle ge-
rutscht und ins Wort gefallen und hat dort dreist das
Geist»G« überlagert. Was ich dann an heiter-satirischen
*Heilig^{Dr}/_{G}eistHausmitteln* gefunden habe, war aber so
überraschend hilfreich, dass ich es – neben all dem Ernst-
haften – der armen trostsuchenden, strapazierten katholischen WundSeele nicht vorenthalten möchte. Sich aus-
zulachen ist nämlich mindestens so hilfreich und gesund
wie sich auszuweinen.

## Vom Liederstand der Seelen

Einen ähnlichen Rang wie der Humor nimmt für mich bei
den Trost- und BalsamHeilmitteln zur Stärkung wunder

katholischer Seelen der *Gesang* ein. Seine therapeutischen Qualitäten sind wissenschaftlich längst erwiesen. Ich habe darum eine Menge Lieder in meine Trostsammlung aufgenommen. Schon allein die schönen wie bekannten Melodien haben ihre ganz eigene Kraft. Gerade den sogenannten VolksLiedern ist eine besondere Seelenstimulanz eigen, weil VolksLied ganz eng mit VolksLeid verbunden ist. Vor allem aber mit dessen Überwindung. Wer im dunklen Wald seine Angst vertreibt, indem er kräftig zu singen beginnt, wird mit dem gleichen Mittel auch in einer durch Schuld, Versagen und Missbrauch verdunkelten Kirche Erfolg haben.

Mit der nun schon mehrfach angeklungenen Heilmethode der fliegenden und getauschten Buchstaben habe ich die Texte dieser Lieder sanft verwandelt, manchmal gegen den Strich gebürstet, ein bisschen auf den Kopf gestellt. »Kopf gut schütteln vor Gebrauch!« Ich habe auch die Liedtexte ein wenig gerüttelt und geschüttelt, auf dass ihre alte Botschaft ganz neu – oder auch eine ganz neue Botschaft – aus ihnen herausklingen kann. Immer aber liefert mir das Ursprungslied einen kritischen inhaltlichen Impuls und bildet einen notwendigen Spannungspol für seine oft ironische Verwandlung. Das habe ich mir bei Erich Kästner abgeguckt, der vor fast hundert Jahren mit seinem »Weihnachtslied, chemisch gereinigt« der literarischen Gattung der mehr oder weniger satirischen Persiflage aktuelle Schubkraft verliehen hat.

»Heilig$^{\mathrm{Dr}}/_{\mathrm{G}}$eist« mache ich mit dieser Methode auch nicht vor ehrwürdigen Kirchenliedern halt. Solange die Parodien dieser Gesangbuchsheiligtümer aber von – zuweilen eben äußerst schmerzhafter – Liebe zur Kirche getragen sind und natürlich nicht das Heilige ins Lächerliche ziehen, sondern gerade die äußerst unheiligen, fromm gesprochen: »sündigen« Kirchenmomente pointiert aufspießen wollen, solange halte ich diese Art $^{Dr}/_{G}$eisttigkeit für höchst gerechtfertigt und für trostsuchende, strapazierte WundSeelen ganz besonders hilfreich. Natürlich *nicht* zur gottesdienstlichen Verwendung! Die schmerzhafte Wirklichkeit kirchlichen Versagens hineinpersifliert ins musikalische Gewand vertrauter Gesänge, die tief und positiv in unseren Herzen verankert sind, das ist der Versuch, die kirchlichen Dramen auch emotional einzuholen und uns von der ihnen innewohnenden Tragik und Schuld auch im Herzen berühren zu lassen. Daran mangelt es vielfach.

Dieser Mangel – z. B. von den Dramen der Missbrauchsverbrechen nahezu ungerührt oder nur mit kirchentypischem Betroffenheitsjargon zu sprechen, bei dem man kaum spürt, wie echt und tief die EstutmirunendlichleidWorte sind – ist gerade bei offiziellen Kirchenvertretern immer wieder aufgefallen. Diesen SchuldDramen im musikalischen Gewand heiliger Gesänge zu begegnen, das bringt uns so direkt wie beabsichtigt an die Schmerzgrenze. Nicht aus Lust am Schmerz, sondern weil wir oft ein gewisses Maß von Leidensdruck brauchen, bis wir bereit sind zu Veränderung und Aufbruch.

Im Übrigen greife ich damit eine klassische Tradition auf, die in der Geschichte des geistlichen Liedes bis zu den höchsten Granden hinauf gang und gäbe war, nämlich wohlvertraute Melodien mit neuen Texten zu versehen ...

Allerdings entfaltet sich die Kraft all dieser Lieder so richtig spürbar erst, wenn sie wirklich gesungen werden. Also, liebe strapazierte katholische Seele, nur Mut und frisch gesungen! Du wirst merken, wie gut es dir tut.

## TrostbüchleinTradition

Vieles habe ich neu geschrieben, einiges aus früheren Radiobeiträgen, Predigten, Meditationen überarbeitet und viel Humoriges aus meinen 40 Jahren KirchenKabarett übernommen. Es sind auch Gedichte dabei, denn »Gedichte sind Abbilder der Dichte des Lebens, vom Dichter dichter zusammengerückt«. So bunt und so divers an Umfang, Länge und Tiefgang wie die Ursachen für unseren vielfältigen Kirchenschmerz, so verschieden sind die vorliegenden Texte. *Die Wunde* braucht eine andere Heilbehandlung als *das Wunde*. Manches Mittel eignet sich mehr zur spontan-kurzen Akutbehandlung, anderes ist – schon ob der Länge – mehr bei chronischem (Kirchen) Leiden anzuwenden ...

Und die Genderfrage? Ich stehe voll zum sprachlichen Bedarf, in diesem Punkt endlich gerechte und emanzipatorische Lösungen zu finden. Aber die wurden nach meinem Dafürhalten noch nicht überzeugend gefunden. Darum halte ich es in meinen Texten insgesamt undogmatisch und ideologiefrei und nutze verschiedene Formen nebeneinander. Beim Singen und beim chorischen Sprechen ermuntere ich (auch in der Liturgie) übrigens, wo ich kann, zur »sprachlichen Polyphonie«, indem die einen »Schwestern« singen und die anderen »Brüder«. Das geht wunderbar. Allerdings habe ich hier noch keine Lösung für die »Diversen« gefunden ...

## Mens sana in communione sana

In Abwandlung des berühmten LateinZitats über Geist und Körper setze ich darauf, dass gesunder Geist nur in gesunder Gemeinschaft funktioniert und umgekehrt. Dies will mein *Trostbüchlein* fördern. Wobei dieser Begriff – wie man sieht – weniger einem geringen Seitenumfang geschuldet ist als vielmehr der wunderbaren Tradition früherer Trostbüchlein von William Shakespeare über Johann Lavater bis Thaddäus Troll ...

So hoffe ich nun sehr, dass die hier vorgestellten Heilmittel ihre Kraft entfalten. Möge sich die geneigte Leserin und ebensolcher Leser nach der Lektüre im Schmerz über unsere Kirchenprobleme mit sanft gesalbter Seele ein Stück mehr bei Trost fühlen und etwas erholt von den vielerlei kirchlichen Strapazen – vor allem aber gegen alle noch so heftigen Fluchtimpulse mit einem heiteren Trotz(e)demLächeln zum Bleiben bestärkt.

Gau-Bischofsheim,
am Gedenktag meines LieblingsHeiligen Philipp Neri,
den ich zum besonderen Schutzpatron
für Humor in der Kirche erhebe.

*Stefan Herok*

# 01 Kirche am »toten Punkt«
## Warum ich bleibe I

Irgendwann bin ich durch unsere Stadt gelaufen, als hinter mir zwei Menschen über ein Thema gesprochen haben, bei dem ich aufhorchen musste: Sie sprachen vom Kirchenaustritt. Die eine sagte: »Ich bin ja schon ausgetreten, als damals meine Hochzeit anstand ...« Als unfreiwilliger Zuhörer dachte ich unwillkürlich: bestimmt vorher geschieden oder homosexuell. Ihr Gesprächspartner antwortete ihr: »Ja, und für mich reicht's jetzt, mein FrustFass läuft gerade über!«

Ich erinnere mich daran, wie der Münchner Kardinal Marx dem Papst seinen Rücktritt angeboten hat. Er sehe die Kirche »an einem toten Punkt«, und aus einem Gefühl von Mitverantwortung für den Schaden, den die Kirche angerichtet hat und immer noch anrichtet, wolle er als Vertreter der Institution dafür sichtbar Verantwortung übernehmen. Der Papst hat seinen Rücktritt dann abgelehnt. Marx gehört zu den Reformbefürwortern in der deutschen Kirche. Aber um den Gedanken solcher Verantwortungsübernahme ist es dann leider schnell wieder sehr still geworden. Bis der ebenfalls reformorientierte Bischof von Osnabrück, Franz-Josef Bode, Anfang 2023 seinen wohl auch gesundheitlich begründeten Rücktritt dezidiert mit einer Entschuldigungsbitte für persönliches Fehlverhalten in Missbrauchszusammenhängen verband: Er habe zu lange mehr den Schutz des kirchlichen Ansehens und der Täter im Blick gehabt als die Verantwortung gegenüber den Opfern. Das ist ehrenwert und wichtig. Gleichwohl beschleicht mich, wenn ich sehe, wer sich alles *nicht* entschuldigt und wer *nicht* zurücktritt, doch immer wieder das Gefühl, dass – wenn überhaupt – doch eher »die Falschen« bereit sind, Konsequenzen zu ziehen. Ich weiß, dieser Gedanke ist moralisch nicht ganz korrekt, aber ich stehe zu meinem Gefühl ...

## Kirchenpolitisch Zeichen setzen?

Auch mit einer guten, immer noch kirchlich gebundenen Freundin kommt das Gespräch in letzter Zeit schnell auf die Frage »gehen oder bleiben?« Müsste man, so sagt sie sichtlich bewegt, nicht wirklich mit seinem Austritt ein deutliches Zeichen setzen? »Achtung, Kirche, es reicht! Ich war lange engagiert und geduldig. Aber jetzt hast du alle Chancen verspielt, mich als Mitglied bei der Stange zu halten.« Keine Veränderung in den drängenden Fragen Missbrauchsaufarbeitung, Klerikalismus, Sexualmoral, Ämter für Frauen und Sakramente, zumindest aber Segensfeiern für gleichgeschlechtliche oder wiederverheiratete Paare.

Die deutschen Katholiken haben zwar versucht, mit dem »Synodalen Weg« diesen Themen wenigstens etwas positive Dynamik zu geben, aber die reaktionären Kräfte, die den Reformbedarf einfach nicht wahrhaben wollen, bleiben leider übermächtig. Es gibt zwar ein paar kleine Ergebnisse – z. B. beim Thema Segensfeiern für Paare und beim liberalisierten kirchlichen Arbeitsrecht –, insgesamt blieb das Projekt jedoch deutlich hinter den Erwartungen vieler Beteiligter zurück. Den Synodalen Weg trotzdem als richtigen Weg zu loben und als wichtige

Etappe in eine bessere kirchliche Zukunft zu verstehen, dazu braucht es schon überirdische Hoffnungskräfte und eine belastbare Frustrationsresistenz. Dass mein Limburger Bischof, Georg Bätzing, der Vorsitzende der Deutschen Bischofskonferenz, da immer noch zu einem weitgehend glaubwürdigen Optimismus fähig ist, ist für mich schon ein kleines Wunder ...

Und vom Vatikan kommen nur Nackenschläge, Vollbremsungen und Rückwärtsgang. Ein zu Beginn hoffnungstiftender Papst Franziskus fährt inzwischen Schlingerkurs und kriegt seine ewig gestrige Umgebung nicht auf Zukunft gepolt, wenn er es denn wollte. Es gab dann endlich eine vatikanische Untersuchung im Erzbistum Köln beim in einer Vertrauenskrise stehenden Kardinal Woelki. Nach einer päpstlich verordneten Zwangspause (warum eigentlich?) ist er zurück, als wäre nichts gewesen. Er gehört mit den Bischöfen von Eichstätt, Passau und Regensburg zur zwar kleinen, aber mit ihren VatikanConnections unverhältnismäßig mächtigen Gruppe von Reformgegnern in der deutschen Kirche.

Da kann ich all die vielen Leute gut verstehen, die sich über eine so angststarre Kirche aufregen und die so treu wie frustriert an ihr leiden! Und wer für sich selbst in seiner Seelenhygiene und moralisch-religiösen Selbstachtung die Austrittsschwelle nun überschreiten muss(te), dem zolle ich persönlich Achtung und erspare ihr oder ihm meinerseits jede billige Durchhalteparole. Gleichwohl schmerzt mich jeder Austritt, und wo ich kann, da plädiere ich fürs Bleiben. Und dies, obwohl mich selbst peinigt, dass ich niemandem wirklich Hoffnung auf baldige Verbesserung machen kann.

Von meinen Gründen, trotzdem zu bleiben, möchte ich hier erzählen. Ob meine Gedanken plausibel erscheinen oder doch nur einmal mehr als typisch kirchliche Abwiegelungsstrategie auf verlorenem Posten wahrgenommen werden?

## Wirklich ändern geht nur von innen

Mein Hauptmotiv ist natürlich: Man kann die Kirche – wenn überhaupt – nur von innen her positiv verändern. Von außen geht eigentlich nur Kaputtmachen.

Den vielen, die einen Austritt aus strategischem Motiv erwägen, damit die Kirche vielleicht endlich aufwacht und gegen die hohen Austrittszahlen beherzt mit Veränderung beginnt, muss ich eine so nüchterne wie bittere Erfahrung entgegenhalten: Die Austrittszahlen schmerzen innerhalb der Kirche besonders die, die längst auf Reformen drängen. Ihre Positionen werden durch solche Austritte eher geschwächt als gestärkt. Die beharrlichen Veränderungsverweigerer zucken allenfalls mit den Schultern und werfen den Austretenden noch Beschimpfungen hinterher: Sie seien ohnehin Ungläubige oder sollten doch gleich zu den Protestanten gehen. Womit man auf einen Streich zwei Feindbilder diffamieren kann. Für mich ist darum zu bleiben und – selbst mit wenig Hoffnung – weiter für Veränderung zu kämpfen die wirkungsvollere Option.

Ich persönlich bleibe auch, weil ich nicht weiß, *wohin* ich austreten könnte. Das ist für mich wie mit Deutschland, meinem Vaterland und meiner Muttersprache: Es gäbe für mich auch heftige Gründe, aus Deutschland auszutreten. Wenn ich sehe, wie bei uns im Land Demokratiebewusstsein und Sozialengagement abnehmen; wie sie ersetzt werden durch Egoismus und allgemeines PolitikerBashing, durch extrem rechtes Gedankengut und – vor allem im Pandemiezusammenhang – dann auch noch durch leichtfertiges DiktaturGerede; wenn ich sehe, wie schlimm Hass und Gewalt zunehmen, absurderweise gerade auch gegen Idealisten wie Rettungskräfte; wenn ich sehe, wie Ausländerhass und Islamangst anwachsen – wenn ich das alles sehe, dann würde ich mir am liebsten ein anderes Land zum Leben suchen.

Aber ich bleibe in Deutschland. Warum? Erstens, weil ein nächstes Land andere heftige Probleme hätte. Und zweitens, weil Deutschland meine Heimat ist. Hier leben meine Freunde, meine Familie, hier pulst im vielfachen Herzrhythmus meine Kultur, und hierher bindet mich meine Geschichte. Dies alles müsste ich mitnehmen können, damit Gehen wirklich Sinn machte. Ich sehe an vielen Flüchtlingen und Vertriebenen, wie schlimm ein Leben ohne solche Heimat ist.

Und mindestens genauso stark ist mir die Kirche Heimat. Sie ist mit ihrer Botschaft von Gott und seiner Liebe, mit ihren heilsamen Ritualen und mit den Glaubensgeschwistern das »Dach meiner Seele«! Das bleibt sie auch, so sehr mir gottvergessende Liebesversager in Amt und Ehrenamt dieses Dach schon ramponiert haben und es mir dauernd in die Seele regnet.

Darum die für mich unlösbare Frage: wohin austreten?

Das verharmlost und relativiert nichts an den Dramen dieser Kirche. Im Gegenteil, es vergrößert für alle, die noch irgendwie mit dem Herzen an der Kirche hängen, das Dilemma. Menschen, denen diese Institution schon lange nicht mehr Heimat ist oder es nie war, tun sich mit dem Austritt natürlich leichter und vermissen hinterher wahrscheinlich auch nicht viel.

Was mich erschreckt und verstört, ist der Hass und die Bitterkeit, mit der jetzt z. B. in »sozialen«, hier eher »asozialen Medien« auf Menschen eingedroschen wird, die diese vielfach versagende Kirche trotzdem persönlich nicht aufgeben wollen. Ich sehe da Parallelen zum PolitikerBashing …

## Schon mein ganzes Leben lang

Große Hoffnung, dass die Probleme der Kirche bald gelöst würden, die zurzeit viele Menschen zum Austritt und zur AmtsAufgabe drängen, habe ich nicht. Dazu erlebe ich die, die krampfhaft am längst Fragwürdigen festhalten, als zu mächtig. Aber ich bleibe, weil schon mein ganzes Leben und Arbeiten in dieser Kirche seit nun 50 Jahren von der Auseinandersetzung mit versteinerten GnadenlosPropheten bestimmt ist. Positiv ausgedrückt: Ich konnte persönlich ein gutes Stück weit an einer lebendigeren und hoffnungsfroheren Kirche mitarbeiten. Der liebe Gott hat mir viel Herz geschenkt, Gedanken, die zuweilen andere berühren, und eine Sprache, die Gehör findet. Das macht mich dem Himmel, aber auch dieser »LameDuckKirche« gegenüber dankbar. Und daraus erwächst mir die Verpflichtung, an meinem kleinen Ort mit meiner Art von offener Kirche weiterzumachen.

Und dazu ermutigen mich die Kirchenleute, die beispielsweise trotz Verbot gleichgeschlechtliche Paare segnen und an wiederverheiratete Geschiedene wie auch an Protestanten die Kommunion austeilen. Dazu ermutigen mich die gar nicht so wenigen Priester, die ich kenne, die tatsächlich partizipativ arbeiten und ihre Macht freiwillig teilen. Und gestärkt werde ich auch von allen, die gegen den verständlichen Austrittssog bei uns aktiv für eine offenere Kirche ausharren.

Die Kirche am »toten Punkt«. Ist sie endgültig am Ende? In der Alltagssprache bedeutet »toter Punkt« einen Ermüdungsmoment, nach dem man wieder zu frischen Kräften kommen kann. Dafür bleibe ich. Noch ...

# 02 Propheten gesucht!

Ein katholischer Gottesdienst zum Thema »Propheten«. Es wurde dabei einer der berühmtesten und für mich auch schönsten Bibeltexte überhaupt vorgetragen. Ich verrate noch nicht, welcher ...

Ich habe große Sympathie für alles Prophetische und finde es äußerst wichtig für unsere Kirche, aber auch für moderne demokratische Gesellschaften. Darum ist es hier mein Thema: *Prophet:innen gesucht – mit Herz und Verstand!*

Der Begriff »Prophet« stammt zwar aus religiösen Zusammenhängen, hat sich aber – so meine Wahrnehmung – durchaus in unserer religionsfernen Alltagssprache eingebürgert. Eine »prophetische Stimme«, damit meint man heute ganz allgemein eine kritisch-mahnende Persönlichkeit. Jemand, der oder die auf Missstände aufmerksam macht, Warnungen für die Zukunft ausspricht, vielleicht auch Vorschläge macht, wie man die jeweiligen Probleme lösen könnte.

Ursprünglich versuchten sich Prophetinnen und Propheten mit ihrer Botschaft als Gesandte Gottes und als Stimme des Himmels auszuweisen. Das gibt es heute wohl kaum noch. Besonders kirchlich muss ich ihren weitgehenden Mangel beklagen ...

Persönlichkeiten und Gruppen allerdings, die für mich in ihrem Auftreten »prophetischen Charakter« haben, auch wenn sie ihn nicht ausdrücklich für sich in Anspruch nehmen, sehe ich hingegen einige. Auf sie komme ich später zurück.

## Leute mit Charisma

An die Stelle des göttlichen Auftrags von früher sind heute Sachverstand und Expertise getreten. Die Propheten früher Zeiten wurden – zumindest der Überlieferung nach – mit übernatürlichen Zeichen ausgestattet, um ihre Glaubwürdigkeit unter Beweis zu stellen.

In Ermangelung solcher Wunderkräfte brauchen Prophetinnen und Propheten heute den persönlichen Zauber einer charismatischen Ausstrahlung. Sie brauchen psychologisches Einfühlungsvermögen, um ihre Zuhörer »abzuholen« und »mitzunehmen«. Dazu müssen sie gut reden können, wenn nötig, auch mal deutlich bis drastisch. Wichtig ist auch ein gehöriges Maß an Leidenschaft für ihr Anliegen. Die verleiht ihnen Durchsetzungskraft, ermöglicht ihnen aber auch Beharrlichkeit und Frustrationsresistenz. Letztere brauchen sie auch, denn prophetische Botschaften provozieren – damals wie heute – oft heftigen Widerstand bis hin zu Verleumdung und Verfolgung. Die Anforderungen sind also beträchtlich, um heute »prophetisch« wirken zu können.

Warum ich solche Leute sowohl in der Kirche wie in der Gesellschaft heute so wichtig finde?

## GeradeausDenker und GeradeherausBotschafter

Wir brauchen heute mehr denn je SelbstDenker, Geradeaus- und GeradeherausDenker! Leute, die sich unter Nutzung gegensätzlicher Medien wirklich eine eigene Meinung bilden und nicht nur massenmedial manipulierte Lagerparolen nachbeten. Wir brauchen Leute, die unterschiedliche Meinungen wahrnehmen und aushalten können. Leute, die diese Informationen dann mit kühlem

Verstand verarbeiten und mit heißem Herzen bewerten. Damit meine ich Leute mit einem inneren MoralKompass, der vor allem auf menschliches Mitgefühl und gesellschaftliche Solidarität geeicht ist; der nicht immer nur um die eigenen Interessen kreist und persönliche Nachteile befürchtet. Solche SelbstDenker entwickeln dann herzgeprüfte Sachkompetenz. Und mit ihren gleichermaßen sachkompetenten wie empathischen Positionen bringen sie sich dann leidenschaftlich in unsere gesellschaftlichen Problemfelder ein. Ach, wie ich mich für Kirche und Welt nach solcherart prophetischen Stimmen sehne!

### »und hätte die Liebe nicht ...«

Mit einer der – wie ich finde – schönsten Bibelstellen wurde im benannten Gottesdienst eines der tiefsten Wesensmerkmale für alle Prophetie illustriert. Es ist die berühmte Passage über die Liebe aus Paulus' erstem Korintherbrief.

Ausführlich wird dort geschildert, wann Liebe wirklich Liebe ist und nicht nur kaschierter Egoismus. Und was diese echte Liebe zu bewirken vermag. Das ist meine Religion, mein Christentum, auch wenn meine Kirche darin zurzeit leider mehr versagt als überzeugt: Es ist erst mal nichts besonders Frommes, sondern lang- und sanftmütige, vergebungs- und opferbereite, nichts nachtragende Liebe. Und ohne sie, so sagt es der Bibeltext, ohne sie ist auch die beste Prophetie, die lauteste prophetische Stimme nichts wert: »Und wenn ich prophetisch reden könnte und alle Geheimnisse wüsste und alle Erkenntnis hätte; wenn ich alle Glaubenskraft besäße und Berge damit versetzen könnte, hätte aber die Liebe nicht, wäre ich nichts« (1 Korinther 13,2).

Das ist also neben allem, was ich schon aufgezählt habe, der wichtigste Wesenszug für jeden prophetischen Auftritt: Alle Mahnung und Warnung, alle Kritik und alle Veränderungsvorschläge müssen spürbar vom Geist der Liebe getragen sein. Das ist nichts Kitschiges oder Romantisches. Das beginnt mit respektvollem und tolerantem Umgang und geht über die Bewährung des Redens im eigenen Tun bis zur Bereitschaft, selbst Nachteile in Kauf zu nehmen. Darin erweist sich prophetische Rede dann als konstruktiv. Erst die Liebe verleiht der prophetischen Botschaft ihre Plausibilität.

## Prophetische Momente heute

Gottseidank gibt es auch heute noch Menschen mit solcherart prophetischem Charisma – zumindest ansatzweise. Ich finde sie in vielen Gesellschaftsbereichen: in der Kunst, in der Wissenschaft, in den Medien und sogar in der Politik. Leider aber kaum mehr in unseren Kirchen. Das ist besonders skandalös und traurig, wo doch das Prophetische der jüdisch-christlichen Tradition entstammt und Jesus genau diese Kraft so vollkommen verkörperte.

Gerade in meiner skandalgeschüttelten katholischen Kirche in Deutschland kommen an sich gute Initiativen wie der »Synodale Weg« oder »Maria 2.0« mit ihrem deutlich prophetischen Potenzial nicht wirklich gegen die Veränderungsverweigerer an.

Beim Synodalen Weg standen alle wichtigen Reformthemen auf der Agenda, breite Kirchenkreise aller

Generationen trugen sie mit – von der Gemeindebasis vielerorts bis zu den Mehrheiten in der Bischofskonferenz und beim Zentralkomitee der deutschen Katholiken. Der Titel ist zwar eine begriffliche Doppelung, weil in »Synode« schon alles enthalten ist (griechisch *syn-odos* = gemeinsamer Weg). Und manche Kritiker schrieben »Weg« hinter »Synodaler« auch viel lieber klein, weil sie am liebsten alles Synodale loswerden möchten: weg mit dem Synodalen! Aber man kann den Gemeinschafts- und Wegcharakter notwendiger Veränderung gar nicht stark genug betonen und darum ist die Doppelung voll in Ordnung.

Wenn auch die Veränderungsbewegung wahrscheinlich keine einheitlichen Ziele für die gesamte deutsche Kirche erreichen wird – dafür ist der Widerstand weniger Gegner einfach zu mächtig –, so hoffe und setze ich darauf, dass die Bischöfe, die zu den Reformen stehen (immerhin ca. vier Fünftel!), in ihrem Wirkungsbereich echte Veränderungen anstoßen werden.

Nein, Maria 2.0 ist keine »Nullnummer«, wie Kritiker gern über diese Bewegung polemisieren. Weite Kreise kirchlich engagierter Frauen, gerade in den Gemeinden vor Ort, aber auch in Verbänden wie der kfd (Katholische Frauengemeinschaft Deutschlands), gerade auch viele ältere Frauen, die ihr ganzes Leben lang treu zur Kirche stehen und fundamental die Glaubenseinübung (Katechese) und die kirchliche Sozialarbeit (Caritas) getragen haben, sie protestieren in der Bewegung Maria 2.0 für eine Aufwertung der Rolle der Frauen in der Kirche, für mehr Teilhabe auf allen Ebenen und weniger Reduktion auf »niedere« Dienste.

Die theologische Wissenschaft hat in recht breiter Einhelligkeit den Boden für eine kirchliche Neubewertung dieser Fragen positiv bereitet. Natürlich sträuben sich hier einflussreiche Kreise auf allen Ebenen der Kirchenleitungen. Nachdem Johannes Paul II. kirchliche Weiheämter für Frauen »ein für alle Mal« für unmöglich erklärt und Diskussionen darüber verboten hatte, richtete Papst Franziskus immerhin eine theologische Kommission zu Fragen nach dem Diakonat für Frauen ein. Ob da aber – wie inzwischen bei den meisten seiner Reformprojekte – »nur« Sand im Getriebe ist oder schon alles versandet, das ist zurzeit kaum zu erkennen.

Die Frauen, die heute ganz offen oder zumindest tendenziell die Anliegen von Maria 2.0 unterstützen, könnten eine mächtige Gruppe in der Kirche sein. Noch gehören sie zu denen, die mit letzter Hoffnung bleiben und sich für Veränderung starkmachen. Wer weiß, wie lange noch ...

Zu den prophetischen Kräften in der katholischen Kirche heute gehören für mich auch verschiedene Bewegungen und Einrichtungen der »(regionalen) Kirchenentwicklung«, angestoßen und begleitet vom Hildesheimer Priester Christian Hennecke. Das frühere Projekt »Kirchehoch2« gehört für mich dazu oder das nach wie vor aktive »Zentrum für angewandte Pastoralforschung« (ZAP) an der Ruhr-Universität Bochum mit Matthias Sellmann als prägender Kraft. Die »fresh expressions«, eine multikirchliche Vereinigung für neue und »ergänzende« Ausdrucksformen in den Kirchen. Sehr inspirierend finde ich die InternetFormate »feinschwarz.net« und »futur2.org«. Inzwischen leider und zu Unrecht stiller geworden ist es um die Impulse des Freiburger Religionssoziologen Michael N. Ebertz, der um die Jahrtausendwende mit seinen Studien zu den kirchlichen Milieus in unserer Kirche einiges in Bewegung brachte.

Unermüdlich im prophetischen Impetus bleiben »Pax Christi« und »Publik-Forum«. Oder ganz neu: »#OutIn-Church«. Oder die wunderbare Benediktinerschwester Philippa Rath aus Eibingen im Rheingau. Ich nenne auch kirchenkritische Journalist:innen wie Christiane Florin und Joachim Frank und den medienaktiven Kirchenrechtler Thomas Schüller ...

Für verschiedene »Kirche von unten«-Bewegungen – von »Wir sind Kirche« über den »Verein verheirateter Priester und ihrer Frauen« bis zur Aktion »Lila Stola« – gilt die kirchliche Marginalisierung noch stärker, weil sie noch radikaler sind in ihren Ansprüchen und in ihrer Kirchenkritik. Da steht man schnell allein und die in Räten und Verbänden verfasste offizielle Kirche – auch der Laien – tut sich eher schwer mit ihnen. Es ist jetzt bald 30 Jahre her, dass diese Kräfte für ein reformorientiertes »Kirchenvolksbegehren« in Österreich und Deutschland 500.000 Unterschriften gesammelt haben. Wie viele man heute wohl zusammenbekäme?

Inzwischen schon eher Vergangenheit, aber für mich nicht ohne bleibendes Bewegungspotenzial für manches prophetische Momentum sind bestimmte Theologen. Karl Rahner, der mit enormem Zukunftsblick seiner Zeit weit voraus war und immer noch höchst aktuell ist. Hans Küng, der mit der Übersetzung klassischer Theologie ins heutige Denken Großes geleistet hat, aber mit an Arroganz grenzender Überheblichkeit zu eitel war, um vor römischen Glaubensbehörden die Übereinstimmung klassischer Theologie mit seinen Interpretationen zu begründen. Eugen Drewermann, der besonders in seinem Buch »Kleriker. Psychogramm eines Ideals« schon 1989 dezidiert die kirchlich-theologischen Probleme beschrieb, die dann im Missbrauchsskandal so deutlich zutagetraten. Ein Buch, das ihm – ohne dass dies jemand zugeben würde – kirchlich das »Genick gebrochen« hat, weil die »getroffenen Hunde« nicht nur gebellt, sondern ihn auch heftig »weggebissen« haben ... Johann Baptist Metz, der im kritischen Dialog mit der südamerikanischen Befreiungstheologie in Europa eine neue »politische Theologie« begründete. Der Holländer Huub Oosterhuis, der mit seinen Liturgien, geistlichen Texten und Liedern bis heute eine prophetische Stimme für Erneuerung im Gottesdienst ist. Schließlich Lothar Zenetti, dessen Gedichte und Texte eine ganze Generation von Kirchenvolk für lebendigen Glauben im Alltag inspirierten. Um nur – recht subjektiv – einige prophetische Stimmen zu nennen ...

Und wenn ich hier zu den prophetischen Stimmen selbst noch Uta Ranke-Heinemann dazuzähle, so um deutlich zu machen, dass ich die genannten Personen und Gruppierungen wirklich nicht in allem rundum gut finde. Im Gegenteil. Aber ich toleriere bei ihnen manche Skurrilität, Radikalität, Penetranz oder auch Übertreibung, weil das zu Charakteren, die überhaupt bereit sind, sich öffentlich zu engagieren und sich dem Gegenwind auszusetzen, oft einfach dazugehört. Sie gehören mit manchen ihrer Züge für mich zum Phänomen NervenSegen.

Bis auf Eugen Drewermann sind diese Theologen alle schon gestorben. Ich will, wenn ich sie hier nenne, vor allem meine Sympathie und den Bedarf an prophetischen Stimmen heute illustrieren. Und in jedem Fall zum Austausch anregen über heutiges Prophetentum.

Bleiben Sie, liebe Lesende, jetzt bitte nicht an Ihrem vielleicht aufkommenden Widerspruch zu einzelnen Gruppen oder Personen hängen. Mir geht es um nichts anderes als: *Prophet:innen gesucht!* Für Kirche und Welt von heute und mit Herz und Verstand ... Vielleicht, liebe Mitmenschen, hätten ja auch Sie selbst dazu das Potenzial? Wir brauchen Prophet:innen!

## Klagelied eines zum Propheten beförderten bischöflichen Hoftheologen

*(Melodie: Ich bin Soldat, doch bin ich es nicht gerne)*

*Part I*

Ich bin Prophet, doch ich bin es nicht gerne.
Als ich es ward, hat ER mich nicht gefragt.
Ich liebte mehr die große Menschenferne.
Im echten Leben hab' ich meist versagt.
Von meinem Schreibtisch, klugen Theorien
musst' ich hinfort, hinaus ins Rampenlicht,
muss alte Lehren der Prüfung unterziehen,
ob sie für Zukunft taugen oder nicht.

Ich bin Prophet, das ist meine Karriere,
würd' lieber Bischof oder Kardinal,
dann wär' mir wohler, und die Barriere
zu meinem Volk beruhigte mich total.
Wär' abgeschirmt durch viele Sekretäre,
betracht'te aus Distanz die schnöde Welt,
erfreute mich der Schönheit der Altäre
und wär' nicht vor euch *(abfällig)* »Leute« hingestellt.

Ich bin Prophet, doch nur mit halber Seele,
ich wollte leben, brav, für mich allein.
Dann meinte ER, dass ich bei euch noch fehle;
auf meiner Flucht vor ihm fing mich sein Walfisch ein.
ER will mit meiner Stimme zu euch reden,
geduldig wie zu einem alten Vieh;
das, was er sagt, das gilt für einen jeden,
drum handelt endlich so, sonst ändert Welt sich nie!

Ich bin Prophet, ihr nennt es heut Satire.
Ich sage: Kaba – rette sich, wer kann!
Euch Augen öffnen ist, was ich probiere.
Wer weiß, ob ich hier was bewirken kann?
Ob Kabarett, Satire, ob Propheten,
die Menschheit/Kirche ist wie damals taub und blind!
Propheten kommen immer ungebeten.
Wozu wir hier wohl eingeladen sind?

*Part II*
So hab' ich nur ein Wort auf meinen Lippen,
und einen Geist, der anfangs sich gesträubt.
Und haben kirchliche Gewässer steile Klippen,
und ist die Bischofskonferenz betäubt
*(zumindest ihre reformresistente Minderheit ...),*
so wird Sein Heil'ger Geist, der mich erstürmte,
auch dort mal wehen als ein frischer Wind:
Bürokratie, Gesetze, Aktentürme,
dann in der Kirch' nicht mehr so wichtig sind.

Vielleicht wird sie die Jugend wiederfinden,
die in der Kirch' nicht mehr zu Hause ist,
wird ihnen Frohe Botschaften verkünden,
und zeigen, wie sich's leben lässt als Christ.
Mit Gottes Hilfe wird es Wege geben,
dass jeder Ort auch seinen Priester hat;
versperrt den Eheleuten nicht den Segen,
ungeistig ist die *Pflicht* zum Zölibat.

Ihr Kirchenmänner, wann wird's euch gelingen,
zu öffnen auch der Frau das Tor zum Reich?
Sie hat Gefühl, ist lieb zu allen Dingen;
das unterscheidet euch, denn der Verstand ist gleich!
Und hütet euch, sie vom Altar zu scheuchen
aus Gründen eurer schlechten Fantasie;
sie sind lebendiger Gemeinde Zeichen,
und auch die Kirche stürbe ohne sie.

Für jeden Fall hat Kirche eine Weisung,
und jedes Wort ist römisch festgelegt.
Gesetz und Ordnung hüten vor Entgleisung,
dass sich kein bisschen Heil'ger Geist bewegt!
Du Kirche hast die Mittel in Verwaltung,
die Leben schenken: Freiheit, Liebe, Glück.
Dosier' sie wohl und in der rechten Haltung!
Machst du ihm Angst, dann weicht der Mensch zurück.

Ihr Leute all, ob gläubig, ob verdorben,
ob fromm katholisch oder Protestant,
es liegt an uns, wie uns're Welt geworden,
und auch die Zukunft liegt in uns'rer Hand.
Wenn wir uns nicht für's Ein und Alles halten,
als Klerus etwas Besseres zu sein,
Macht reduzieren, transparent gestalten,
dann wird die Zukunft voll Prophet(Inn)en sein!

## 03  Ich lasse dich nicht los, Kirche, es sei denn, du segnest mich!

Ohne vermessene Identifikationen herstellen zu wollen, erinnern mich unsere Auseinandersetzungen in und mit der Kirche manchmal an Jakobs Kampf mit Gott am Jabbok (Genesis 32,23–33). Da ringen zwei an sich nicht gleichstarke Kontrahenten im nächtlichen Kampf miteinander und doch kann bis zur Morgenröte keiner den anderen besiegen. Wie gern würde ich uns Reformwillige in Jakobs Rolle sehen. Der Sparringspartner wären dann die Reformgegner, zwar zahlenmäßig wenige, aber doch ungemein stark, weil mit besten Kontakten nach »oben« bzw. zur vatikanischen Bodenleitstelle von »oben«. Einen verbissenen Kampf kann man es schon nennen. Und ja, ich erlebe unsere Reformbestrebungen durchaus als hüftkrank und hinkend, von den Reformgegnern geschlagen und jetzt behindert – aber eben nicht besiegt, im Gegenteil. Wobei ich zugebe, dass hier die Grenze zwischen Traum und Wirklichkeit schwimmend bleibt. Das Ergebnis ist noch offen. Wie schön wäre es, wenn die Reformgegner – wie der GottesMann in der Bibelgeschichte – sagen würden: »Man wird euch zukünftig Gottesstreiter nennen, denn ihr habt mit Gott und Menschen gestritten und gesiegt.« Ja, gesiegt, die Reformen durchgebracht: meine Vision, mein Traum. Zuvor allerdings müssten wir Reformkräfte die Größe zeigen, in der KampfUmarmung mit den Gegnern diese um ihren Segen zu bitten ...

Hier irgendwo würde, mit biblischer Logik betrachtet, die Auflösung liegen für meine oft ambivalenten Erfahrungen mit dieser Kirche, an die ich ja durchaus glaube, wenn auch nicht auf die gleiche Weise und nicht mit der gleichen »Tiefe« wie an ihren göttlichen Urheber:

## Ich glaube an die Kirche

... denn sie kann
- mehr Rat geben
  als Gesetze
- mehr Zeugnis geben
  als Tadel
- mehr der Gnade folgen
  als dem Recht
- mehr dem Geist gehorchen
  als dem Buchstaben
- mehr Überzeugung verbreiten
  als Behauptungen
- mehr Mut machen
  als Angst
- mehr Erlösung leben
  als Erstarrung und Tod.

*Ich glaube an die Kirche, weil ich auf sie gesetzt habe. Wie einer Bank habe ich ihr vertraut und bei ihr den größten Teil meines besten Kapitals angelegt: meine Träume ...*

## Kirche, gib mir meine Träume zurück!

*Refrain:*
*Kirche, gib mir meine Träume zurück,*
*Träume, die ich dir in Obhut gegeben:*
*von Liebe, vom Frieden, von Gnade und Glück.*
*Gib sie zurück – oder erwecke sie zum Leben!*

Bist du nur Museum und TraditionalistenVerein?
Wann wird »Frohe Botschaft« an dir
   sichtbare Freude sein?
Du scheiterst im Handeln, weil dein Herz so voll Angst,
statt zu erlösen, zu verwandeln, schimpfst du nur
   und zitterst und bangst!

*Refrain*

Fast leere Räume, mit Tabernakel-Tresor wie 'ne Bank,
da erblühn keine Träume, da werden sie krank!
Da fließt keine Quelle, da versiegt der Strom,
und die göttliche Helle hat es schwer über Rom!
   *(oder: hier im Dom!)*

*Refrain*

Du hast sie gesammelt und dogmatisch seziert,
hinter Regeln verrammelt, wo ihre Kraft sich verliert:
nicht im Heute und Morgen, nicht lebendig konkret,
wo – im Traum fein geborgen – Reich Gottes
frohes Leben entsteht!

*Refrain*

Der Traum von der Liebe. Du bist mehr für Moral
und beschneidest die Triebe, die natürlich sind und
normal.
Du willst die Liebe befehlen, mit Regeln normier'n,
die die Liebenden quälen; das macht, dass wir sie
verlier'n.

*Refrain*

Von der Gnade der Traum, auf dass sie stets gelte
vor Recht!
Doch das sehe ich kaum, gnadenlos, wie ihr sprecht:
Homosexualität, Scheidungsprobleme, Zölibat,
Priesterweihe für Frau'n?
Nur wenn da endlich was käme, könnt' ich dir
wieder vertrau'n.

*Refrain*

## 04 Die »Konservativen«, der »Zeitgeist« und die Sache mit der Wandlung

Für die einen ist »konservativ« eine positive Wertmarke, für andere: ein Schimpfwort. Der Begriff findet überall dort Verwendung, wo Politik gemacht wird, wo es Parteien und Parteiungen gibt.

So spielt er auch bei uns in der »Lagerbildung« innerhalb der katholischen Kirche eine große Rolle. Wir sprechen dann gegensätzlich von »konservativen« oder »progressiven« Kräften, wobei die »Konservativen« sich nicht unbedingt selbst mit diesem Label versehen. Sie verstehen sich lieber eingedeutscht als traditionsbewusste Bewahrer. Womit die sogenannten Progressiven leicht in den Ruf geraten, dass sie traditionsvergessen seien, wogegen sie sich wehren, indem sie den sogenannten Konservativen vorwerfen, Gegenwart und Zukunft zu verspielen.

**Aber was ist das eigentlich: konservativ?**
Ein Radiosender in meinem Umfeld hat vor einigen Jahren viele Leute – und zwar nicht nur junge – auf der Straße befragt, was das Wort »konservativ« für sie bedeute. Das Ergebnis war im Trend so frappierend wie eindeutig: konservativ, das sei »altmodisch«, »verstaubt«, »von gestern«, auch »unbelehrbar« war dabei.

Das klingt schon sehr nach mentaler Konservendose: Meinungen von gestern hübsch maniert und mariniert, eingelegt »im eigenen Saft« und in mentalen

Hirndosen verschlossen für die Ewigkeit ... Haltungen und Werte von gestern, eingekocht wie weiche Birnen und luftdicht vakuumiert, eingeweckte Gedanken von gestern statt aufgeweckter Ideen für heute. Muffiger Geruch wie in Omas Kartoffelkeller oder GerümpelDachspeicher statt frischem Wind ...?

Natürlich stammt das Wort »konservativ« aus dem Lateinischen und heißt »erhaltend«, »bewahrend«. Nur: *Wer will was warum wie bewahren?* Das ist die schwierige Kernfrage beim Streit um das Konservative.

## Den Begriff etwas sorgsamer verwenden

Betrachten wir zur Beantwortung dieser Fragen nach dem Bewahren einen einzigen kleinen Bibelsatz. Mir offenbart er eine tiefe Weisheit, die mich durchs Leben trägt, mich inspiriert und sehr schnell auch politische Relevanz bekommt. Mit nur sechs Worten liefert der Bibelschriftsteller und Briefeschreiber Paulus einen zeitlos gültigen Maßstab für eine wahrhaft konservative Haltung. Ich finde in diesem Paulussatz so etwas wie die biblische Norm für das, was sich im christlichen Sinne zu Recht »konservativ« nennen darf. Umgekehrt liefert er damit auch ein Prüfkriterium dafür, wann jemand dieses Gütesiegel zu Unrecht und missbräuchlich verwendet: wenn ihr Denken und Handeln eben nicht konservativ ist, sondern man es ehrlicherweise *reaktionär* nennen müsste, *traditionalistisch* oder *fundamentalistisch* ...

Der Apostel Paulus hielt zu den Christengemeinden, die er auf seinen Reisen gegründet hatte, brieflichen Kontakt. Am Ende des ersten Briefes an die Thessalonicher (Kapitel 5, Vers 21) gibt er eine Menge sehr konkreter, knapper Ratschläge, wie eine christliche Gemeinschaft leben soll. Als vorletzter Satz stehen da die zunächst recht lapidar wirkenden sechs Worte: *Prüft alles und behaltet das Gute!* – Prüft alles und behaltet das Gute! Noch einmal, damit alle Lesenden vielleicht selbst die subtile Sprengkraft dieser paar Worte spüren können:

## Prüft alles und behaltet das Gute!

Das sind die wahrhaft Konservativen, die wirklich im christlichen Sinne Bewahrenden, die die Dinge von gestern, die alten Meinungen und die alten Methoden, die alten Wege und die alten Werte gewissenhaft *überprüft* und *dann* für gut befunden haben. Es sind die, die überzeugend begründen können, warum sie das von gestern auch für heute und morgen noch brauchbar finden. Sie glorifizieren die Vergangenheit nicht. Sie wollen auch nicht nur blind das irgendwann Bewährte bewahren. Sie wollen nicht, wie es ein starkes Bildwort sagt, ihre längst toten Gäule immer weiterreiten. Nein, sie können mit Argumenten begründen, warum das von gestern auch für morgen noch gut ist. Denn sie haben es geprüft.

In unserer Kirche gibt es Leute, die alles von gestern bewahren wollen, *ohne es zu prüfen.* Nur, weil es gestern gut war und weil es gestern (vielleicht) funktioniert hat. Und vor allem, weil es damit gestern so *schön* war! Das wird aber schnell zur verklärenden Vergangenheitsromantik, wenn sie sich dabei nicht bereit zeigen, es dem »Gut-für-morgen-Test« zu unterziehen. Vor allem aber, wenn sie, wie viele vermeintlich »Konservative«, die in Wahrheit traditionalistische BlindBewahrer sind, sich weigern, die Wege dringender Veränderung mitzugehen, oft mit verbissenen Machtkämpfen. Sie beharren darauf, dass die christliche Wahrheit immer dieselbe und – weil sie letztlich von Gott stammt – unveränderlich sei. Sie setzen die »innere Wahrheit« der christlichen Botschaft und der sich daraus entwickelnden Traditionen mit der »äußeren Wirklichkeit« gleich, die diese Wahrheit zu irgendeinem Zeitpunkt angenommen hat. Um welchen Zeitpunkt es sich dabei handelt, hängt mehr davon ab, ob es in ihr Bild und in ihre Vorstellung von Glauben und Kirche passt. Die Jesuszeit und die Urkirche oder eine Übereinstimmung mit der Bibel spielen dabei jedenfalls kaum eine Rolle. Die Gegenwart auch nicht.

Es kommt mir so ähnlich vor wie mit der sogenannten Werktreue bei Theaterstücken. Menschen, die mit zeitgenössischen Interpretationen von z. B. Goethes »Faust« nichts anfangen können oder wollen, behaupten dann, die Inszenierung verstoße gegen die Werktreue. Wenn man dem dann nachgeht, stellt man fest, dass sie eine Aufführung, die für sie wichtig wurde, z. B. als sie jung waren, zur Werktreue erklärt haben, unabhängig davon, dass das Theaterstück schon vorher eine bewegte Interpretationsgeschichte hatte und dass Theater eigentlich immer ein GegenwartsMedium ist und kein LiteraturMuseum.

So ähnlich nageln die PseudoKonservativen in der Kirche die eigentliche dynamische Wahrheit und Tradition des Christlichen auf einen ihnen genehmen historischen Status fest. Die »innere Wahrheit« des christlichen Glaubens ist aber (wie das Theater) immer ein GegenwartsMedium und kein TheologieMuseum. Sie darf und muss sich mit der Zeit und auf sie hin wandeln.

## Auf Augenhöhe mit der Gegenwart – der »Zeitgeist«

Damit kommen wir schließlich zu einem zweiten Kampfbegriff, mit dem innerkirchliche Konflikte gern ausgetragen werden: »Zeitgeist«. Die eher progressiven Kräfte in der Kirche mahnen an, dass Kirche, christlicher Glaube und katholische Theologie den Menschen von heute lebensnah und zeitgenössisch begegnen müssten: auf Augenhöhe, gegenwartskompatibel und an aktuellen Fragen und Problemen orientiert. Sie haben dafür z. B. Papst Johannes XXIII. auf ihrer Seite, der das Zweite Vatikanische Konzil einberief, damit die Kirche auf die Höhe der Zeit käme. Sie solle ihre Fenster und Türen zur Welt hin öffnen, auf sie zugehen und die Welt zu sich hereinlassen. Sein Schlüsselwort dafür: »Aggiornamento« (»Verheutigung«), die Kirche auf den heutigen Tag bringen, sie aktualisieren.

Die Gegner solcher Reformbewegungen, die sich gern als Bewahrer der Tradition verstehen, unterstellen solcher Annäherung an die Gegenwart und den Zeitgeist, dass sich die Reformer dem wechsellaunigen Zeitgeist unterwerfen würden, ihm hinterherrennen und sich ihm blind anpassen. Vor solcher »Verweltlichung« der Kirche hat Joseph Ratzinger schon gewarnt, als er noch Kardinal und Chef der vatikanischen Glaubensschutzbehörde (Glaubenskongregation) war; als späterer Papst Benedikt XVI. hat er dies z. B. in seiner Rede über »Entweltlichung« im Freiburger Konzerthaus noch verstärkt. Auch der jetzige Papst Franziskus kann, trotz mancher Aufgeschlossenheit gegenüber gegenwartsorientierten Bewegungen, ähnliche Parolen von sich geben, indem er z. B.

vor einer »Protestantisierung« der katholischen Kirche in Deutschland warnt.[1] Und sein Vorhaben einer Synodalisierung der Gesamtkirche, mit nahezu inflationär einberufenen, überlangen und ergebnislosen Synoden, wirkt für mich inzwischen eher wie ein Beschwichtigungs- und Beschäftigungsprogramm für allzu kritische Katholiken. Wenn jemand wirklich ernst machen möchte mit der von ihm propagierten Selbständigkeit von Ortskirchen, dann bekommt Rom schnell kalte Füße, wittert Kirchenspaltung und pfeift sie zurück wie die Amazonas-Synode oder den Synodalen Weg bei uns.

Es kann schon sein, dass die Reformbestrebungen unseres Synodalen Weges in Deutschland, für die kirchlichen Machtstrukturen, die Rolle der Frauen in der Kirche, die katholische Sexualmoral und die priesterliche Lebensform Veränderungen anzuregen, aus Sicht der römischen Zentrale und der Weltkirche kritikwürdig sind. Sie aber mit pauschalen Schlagworten anzugreifen oder mit einer sehr allgemeinen BewahrungsRethorik jeden Versuch von Reform und Veränderung abzuwehren, anstatt konstruktiv über das notwendige Maß von Veränderung zu streiten, das ist so verantwortungslos wie traurig und kostet die Kirche aus meiner Sicht ihre Zukunft.

Zuweilen habe ich den Eindruck, solches Denken und Handeln kümmert sich mehr um die Be-wahr-ung der eigenen Macht und bedient eher lobbymäßig sehr eigennützige Interessen als die echte Sorge um eine »wahre« Kirche ...

---

1 https://www.nzz.ch/feuilleton/evangelische-kirche-20-kritik-am-deutschen-synodalen-weg-ld.1691033 (letzter Abruf 22.6.2023).

Wirklich christliche Konservative müssen darum etwas nicht nur bewahren wollen, sondern sie müssen das Bewahren überzeugend gut begründen können! Das vermisse ich oft bei den »Konservativen« und denen, die vor dem »Zeitgeist« warnen! Darum ist mir das Wort konservativ eigentlich zu schade für sie. – Es sei denn, sie würden viel aktiver den Paulusmaßstab anwenden: *Prüft alles und behaltet das Gute!*

## Die Sache mit dem Wandel in der Kirche

Ich wünsche mir eine Kirche à la Römerbrief! Da steht im zwölften Kapitel: »Gleicht euch nicht dieser Welt an, sondern wandelt euch und erneuert euer Denken« (Röm 12,2).

»Nur wer sich ändert, bleibt sich treu!« Der Satz stammt vom Liedermacher Wolf Biermann, erinnert aber gleichwohl an den Spruch der urkatholischen Bildungsministerin Hanna-Renate Laurien: »Weil wir das Wesentliche bewahren wollen, darum brauchen wir den Wandel!«

Das wiederum ruft als gänzlich unbefangenen KirchenZeugen den Frankfurter DichterPfarrer Lothar Zenetti auf den Plan, dem schon in den 70er-Jahren auffiel:

»Frag hundert Katholiken, was das Wichtigste ist in der Kirche. Sie werden antworten: Die Messe. Frag hundert Katholiken, was das Wichtigste ist in der Messe. Sie werden antworten: Die Wandlung. Sag hundert Katholiken, dass das Wichtigste in der Kirche die Wandlung ist. Sie werden empört sein: Nein, alles soll bleiben, wie es ist!«[2]

---

2   Aus: Lothar Zenetti, Auf Seiner Spur. Texte gläubiger Zuversicht, Matthias Grünewald Verlag, Ostfildern 2011.

## Das Wandeln ist des Glaubens Lust

*(Melodie: Das Wandern ist des Müllers Lust)*

Das Wandeln ist des Glaubens Lust,
das Wandeln macht der Kirche Frust, das Wandeln.
Das muss ein schlechter Hirte sein,
dem niemals fällt der Wandel ein:
Damit der Lebenswandel rein, muss Wandel sein!
Sich wa-a-a-a-a-a-andeln, im Glauben und im Ha-andeln
sich wa-andeln!

Was sich nicht wandelt, wächst auch nicht.
Was sich nicht wandelt, das zerbricht, wird leblos, tot.
Drum muss im Glauben Wandel sein,
so blüht er und trägt Früchte ein;
damit im Glauben Zukunft ist, drum muss ein Christ:
sich wa-a-a-a-a-a-andeln, im Glauben und im Ha-andeln
sich wa-andeln!

*

*An dieser Stelle in Sachen »Wandlung« passt punktgenau
ein Kirchenlied ... Es darf allerdings ein bisschen flotter
und einen Hauch »beswingter« gesungen werden als das
Original.*

## Wohl denen, die sich wandeln

*(Melodie: GL 543; EG 295 –
Wohl denen, die da wandeln)*

Wohl denen, die *(– Pause –)* sich wandeln im Glauben
   allezeit!

Aus dem Bewusstsein handeln, dass, wie ein neues Kleid,
der alte Glaube Formen sucht, um jung sich zu erweisen,
vital und lebensnah!

Wohl denen, die sich trauen, der Seele ab und an
tief auf den Grund zu schauen, ob man noch brauchen
    kann,
was dort seit Jahren brach und lahm, an frommem Tand
    so dümpelt.
Wer fängt Entrümplung an!?

Wohl denen, die noch prüfen, wie einst Herr Paulus
    schrieb,
in Thessalonicher-Briefen, bis nur, was gut war, blieb
*(1 Thess 5,21: Prüft alles und behaltet das Gute!)*.
Die Kirche prüft aus Furcht fast nichts; so muss sie halt
    behalten,
was längst schon schlecht und tot.

Wohl denen, die noch wagen, der Kirche ab und an
die Meinung klar zu sagen, was so nicht bleiben kann.
Sie geben sich so Rechenschaft und fordern sie von
    andern:
Wacht auf vom Kirchenschlaf!

Wohl denen, die *(– Pause –)* sich wandeln im Glauben
    allezeit!
Aus dem Bewusstsein handeln, dass, wie ein neues Kleid,
der alte Glaube Formen sucht, um jung sich zu erweisen,
vital und lebensnah!

## 05  Kirche als Gemeinde
### Gedanken zur GroßPfarrei I

### Aufbruch nach Konzil und Synode

Viele Katholik:innen, die heute so treu an ihrer Kirche leiden, wie sie an ihr festhalten, stammen – wie ich – aus den bewegten Zeiten nach dem Zweiten Vatikanischen Konzil (1962–1965) und der darauf aufbauenden Würzburger Synode (1971–1975). Die deutsche Gottesdienstsprache, Impulse aus der »Liturgischen Bewegung« der 1930er-Jahre (wie Zelebration zum Volk und TischAltar) und die erste Generation von »Neuem geistlichem Lied« (mit deutschen Texten versehene amerikanische Spirituals wie »Brüder, ruft in Freude, denn der Herr ist da« und »Komm Herr, dass wir dich sehen«) – bewirkten damals einen enormen Aufbruch. Dazu gehörten zwar auch viele Kämpfe und entsprechende Reibungsverluste, aber wir jungen Leute wurden wahrgenommen und konnten uns einbringen.

Ich weiß noch, wie wir einmal die AchtUhrMesse am Sonntag zum Jugendgottesdienst umwandeln durften (was für ein Engagement zur nachtschlafenden Zeit – und dass überhaupt jemand kam, wo doch die ZehnUhr- oder die ElfUhrMesse viel bequemer gewesen wäre) und ein alter Herr, der uns und seinen Kindern mit seiner Traditionsverstocktheit das Leben schwer machte, dann vor der Tür Ankömmlinge wegschickte mit den Worten: »Der Gottesdienst fällt heute aus.« Ob er diese grobe Lüge später gebeichtet hat, was nach dem von ihm lauthals verkündeten Glaubens- und Kirchenverständnis dringend angesagt gewesen wäre, entzieht sich meiner Kenntnis ...

Für einen adventlichen Jugendgottesdienst hatten wir Bertolt Brechts Gedicht »Maria« ausgewählt. Wie bemüht unser älterer Pfarrer für die damalige Zeit mit uns war, kann man daran ablesen, dass er es uns nicht einfach verboten hat, sondern »nur« darauf bestand, dass wir die dogmatisch »anstößigste« Stelle (»und das Würgen der Nachgeburt gegen Morgen zu«, die natürlich der bleibenden Jungfräulichkeit Mariens widersprach) aus dem Gedicht entfernen mussten. Lieber dem Gedicht Gewalt antun, als uns Jugendliche in unserem ungestümen Elan zu sehr ausbremsen, wird er sich gedacht haben – immerhin.

Es gab damals die ersten Pfarrgemeinderäte, mit denen einige Mitbestimmung wuchs und Hoffnung auf mehr machte. Es gab eine tolle Gemeindereferentin, Helma Kuntscher, die noch als »Pfarrhelferin« begonnen hatte und sowohl klasse Jugendarbeit machte als auch – das wurde mir erst später klar – in der »konservativen« Gemeinde viel Terrain für uns sicherte. Sie geht jetzt auf die Neunzig zu und ich verehre sie sehr.

Sie gehört zu meinen »liebsten Kirchenmenschen« wie einige meiner Familienmitglieder, mindestens ein Religionslehrer und manche Kolleg:innen aus dem Kirchendienst, die Kapläne meiner Jugend, andere Priester und Ordensleute, sogar einige Bischöfe ... Ich habe ihnen ein eigenes Kapitel gewidmet, weil das für mich eine der tiefsten Trostquellen und mit mein stärkstes BleibeArgument ist in allem Kirchendrama und Reformfrust: die Erinnerung an ganz konkrete Menschen, an denen ich – manchmal nur anfanghaft, oft aber tatsächlich eindrucksvoll –

erfahren konnte, wie sich der Himmel das Leben als christliche Gemeinschaft in der Kirche wohl gedacht hat ... Aber zurück zur Kirche meiner Jugend:

## Ein neuer Trend: Kirche als Gemeinde

So entstand damals in der deutschen Nachkriegskirche der 60er-Jahre die Vorstellung von *Kirche als Gemeinde*. Sie hat sich auch rasch in ersten Grundzügen praktisch zu entwickeln begonnen. Vor allem aber wurde sie unser Ziel, unsere Vision, unser Sehnsuchtsbild von Kirche. Sie hat sich als Ideal von Kirche – weil ja auch wirklich viel für sie spricht – in unseren Vorstellungen ganz schnell so verabsolutiert, dass jede andere Kirchenvorstellung nur meilenweit dahinter zurückfallen konnte.

*Hat es diese GemeindeKirche aber je wirklich gegeben?* Wahrscheinlich bestenfalls annäherungsweise. Aber sie prägt bei vielen Kirchentreuen das Bild bis heute, wie Gemeinde eigentlich sein sollte. Und es vergrößert den Schmerz, wenn wir diese Art von Gemeinde seit Jahren nun wieder mehr und mehr verschwinden sehen. Die »neuen GroßPfarreien« sind ja nicht wirklich neu. In vielen Fällen entsprechen sie annähernd den Seelsorgeeinheiten früherer Pfarreien zu vorkonziliaren Zeiten, als wir *Kirche* noch nicht als *Gemeinde* verstanden ...

Ich zähle jetzt einmal auf, was in diesem Idealbild von Gemeinde so zum Ausstattungsstandard gehört(e). An sehr vitalen Orten gab es bestimmt einmal vieles davon. Aber seit Jahren verstärkt diese Vorstellung von der Idealgemeinde nur unsere Wahrnehmung von Verlust, Rückgang und Zerfall. Dass ein solcher Standard eigentlich immer eine Überforderung für unsere personellen

Möglichkeiten vor Ort gewesen ist und dass seine Umsetzung ansatzweise nur dort gelang, wo alle Beteiligten (oft bis an die Erschöpfungsgrenze oder auf Kosten ihrer Familien) auf möglichst vielen dieser Felder aktiv waren, das wird uns kaum bewusst. Es könnte heute aber ein Moment von »Erlösung« darin liegen, sich darüber klarer zu werden. Wenn man einmal zu zählen beginnt, kommen leicht über 50 Elemente zusammen, die so eine Idealgemeinde haben sollte:

- Sonn- und Werktags-Gottesdienste (Sakramentsfeiern, Andachten, Wortgottesdienste, Meditationen)
- Einzelseelsorge (Trauer, Krankheit, Krisen, Geburtstage)
- Katechese (Taufe, Kommunion, Firmung, Ehe)
- Kasualien (Trauungen, Beerdigungen, Beichten)
- Familienkreise
- Eltern-Kind-Gruppen
- Kindergarten
- Kinder- und Jugendarbeit (»freie« und/oder »verbandliche«: BDKJ, DPSG, KJG ..., Sommerlager)
- Kirchenmusik (Chöre, Bands, Schola)
- Seniorenkreise
- Erwachsenenarbeit (kfd, Kolping, KAB ...)
- Frauengemeinschaft
- Weltkirche, Patenschaften, Eine-Welt-Verkauf
- Bibel- und Gebetskreise
- Bildungsarbeit (KEB, Bildungswerk)
- Katholische öffentliche Bücherei
- Pfarrfeste, Kirchweih, Fastnacht, Basar
- Gemeindecaritas

- ökumenische Initiativen
- gesellschaftliches Engagement (Vereinsring etc.)
- Wallfahrten, Bildungsreisen etc.
- liturgische Dienste (Lektor:innen, Kommunionhelfer:innen, Messdiener:innen, Kantor:innen, Sakristan:innen, Blumenschmuck ...)
- Gremien (Pfarrgemeinderat, Vermögensverwaltungsrat, Sachausschüsse)
- Altenheim, Krankenhaus

In meiner Heimatgemeinde waren tatsächlich Altenheim und Kindergarten in einem Haus und wir hatten als Kindergartenkinder bei den Senior:innen immer unser dankbares erstes Publikum für neu eingeübtes Theater. Als Schüler habe ich dort im Altenheim morgens um sieben Uhr »Messe gedient«, hinterher ein feines Frühstückspaket bekommen und manchmal eine Entschuldigung für die Schule, weil der Pfarrer mich noch auf eine Beerdigung mitnehmen wollte. Und als Jugendliche wurden wir öfter von der Gemeindereferentin oder dem Küster zu kleinen Diensten ins Altenheim abgeordnet ...

**Solche Idealgemeinde kam bald
an ihre Leistungsgrenze**
Aber mal mit Abstand betrachtet: Wie soll eine Gemeinde auf Dauer ein solches Aktions- und Gruppenprogramm aufrechterhalten? Eine Weile hat es im Generationengefüge funktioniert, dass die Kinder ins »Freizeitprogramm« ihrer Eltern mit einstiegen und Kirche wirklich »Pfarrfamilie« war. Aber schon bald verstärkte sich der Trend, dass Jugendliche sich von ihrer Elternwelt eher absetzen

wollten als sie zu »erben«. Das galt ja auch für die Bereitschaft, Familienbetriebe zu übernehmen, den Beruf des Vaters oder die Hobbys der Eltern ...

Ist es da nicht so gut wie richtig, die einzelne Gemeinde zu entlasten und für das Gesamtangebot eines solchen kirchlichen Intensivprogrammes den ausgedehnteren Rahmen einer GroßPfarrei in Verantwortung zu nehmen? In der einzelnen Gemeinde vor Ort finden dann nur die Dinge statt, für die die Ressourcen wirklich mit Freude und Strahlkraft reichen.

Erkenntnisse dieser Art vermochten mich zu trösten, als ich irgendwann in den späten 90er-Jahren merkte, wie wir immer stärker schmerzlich Abschied nehmen mussten von unseren GemeindeTräumen und KirchenVisionen aus der Phase kirchlichen Aufbruchs nach dem Konzil.

Mindestens vier StrategieKonzeptProzesse für »Kirchen Zukunft« in meinem Bistum habe ich als Pastoralreferent, als Synodaler oder als Mitarbeiter des Ordinariats begleitet. Ihnen allen war gemeinsam, dass sie von der Realität schon längst wieder überholt wurden, bevor sie überhaupt fertig waren. Ich kann auch bestätigen, dass sich mein Bistum wirklich sehr bemüht hat, die Menschen und die Gemeinden auf diesen Wegen mitzunehmen und eben nichts über die Köpfe hinweg zu entscheiden. Aber so sind wir als zu Veränderung Herausgeforderte nun einmal: Am liebsten soll alles so bleiben, wie es war. Wir sind glänzende Verdränger im Übersehen der Tatsache, dass wir schon geraume Zeit längst gestorbene Gäule reiten. Wenn die Gemeinden eingeladen waren, selbst die Intensität des Wandels und z. B. das Maß der Zusammenarbeit mit Nachbargemeinden festzulegen, dann wählten sie mehrheitlich immer die schwächste Form der Veränderung. Wenn sie dann endlich doch bereit waren, sich auf etwas Neues einzulassen, dann meist nur auf die Form, die bereits vor Jahren die richtige gewesen wäre, heute aber schon wieder »von gestern« war ...

Was mir beim Abschiednehmen auch geholfen hat, war ein Blick in die konkrete Kirchengeschichte. Mein Ideal war also *Kirche als Gemeinde;* das war für mich so selbstverständlich wie alternativlos und irgendwie gottgegeben, und ich dachte, es gelte überall auf der Welt und für alle Menschen und Zeiten, und das berechtige mich – wie ich meinte –, über alle den Stab zu brechen, die ein anderes Bild von Kirche anstrebten, besonders natürlich über jene klerikalen, traditionsverliebten Neupriester, die nach uns kamen ... Dieses Ideal von *Kirche als Gemeinde* galt gerade einmal für einen kirchengeschichtlich kurzen Moment von ca. 30 Jahren! Mitte der 60er-Jahre langsam aufgekommen, starb es ab Mitte der 90er-Jahre langsam wieder. Viele der neuen Priester späterer Jahre haben von solcher Gemeinde nie etwas mitbekommen, die aus Zölibatsgründen massenweise importierten Priester der Weltkirche erst recht nicht ...

Wenn ich diesen Blick in die jüngere Kirchengeschichte bitte noch einen Moment lang näher ausführen darf – mir hat er sehr geholfen, den Gang der Dinge zu verstehen. Vor allem hat er meine strapazierte KirchenSeele ganz gut trösten können.

## Vom Gnadenbrunnen zur Lebensgemeinschaft

Es mag uns heute komisch vorkommen, aber die *Kirche als Gemeinde,* als »Lebensgemeinschaft von Menschen«, gibt es historisch noch nicht lange. Kirche und Religion durchzogen früher zwar alle öffentlichen und privaten Lebensbereiche. Sie färbten diese religiös-konfessionell ein, aber sie waren kein eigener Lebensbereich. Man könnte am ehesten sagen, Kirche war als eine Art Gnadenbrunnen ein Instrument zur Heiligung des Lebens. Man ging (wie früher zum Wasserholen zum Brunnen) zum Gottesdienst und SakramentenEmpfang in die Kirche, aber »das Leben« spielte sich in Familie und (Dorf- oder Stände-)Gesellschaft ab. Und wie man der Familie und Gesellschaft kaum entkommen konnte, so trat man auch nicht aus der Kirche aus.

Kirche als organisierte Gemeinde mit ganzjährigem Vereins- und Gruppenleben, das begann erst vor ca. 150 Jahren, z. B. mit den christlichen Arbeitervereinen. Erst vom Zweiten Vatikanischen Konzil (1962–1965) wurde der Gemeinschaftsaspekt, wurde »Gemeinde« als Urform von Kirche dann theologisch neu akzentuiert.

### Mit dem Konzil wird Pfarrei zu Gemeinde

»Pfarrei« bezeichnet eine kirchenrechtliche Raumordnungsgröße. Sie umreißt das Territorium, in dem ein Pfarrer für den Vollzug von Kirche zuständig ist. Vor dem Konzil hieß das im Wesentlichen Sakramentenspendung, mit nur wenigen anderen Formen priesterlicher Seelsorge. Die Kirche entwickelte auf dem Zweiten Vatikanischen Konzil ihr Selbstverständnis vom Gnadenbrunnen weiter zum »Volk Gottes auf dem Weg durch die Zeit«. Und sie versteht sich jetzt mehr als »Communio«, als Gemeinschaft der Glaubenden, eben als »Pfarrfamilie« und Gemeinde.

Gesellschaftlich ist das Leben inzwischen allerdings beim »Ausstieg« aus der klassischen HerkunftsFamilie angekommen: SingleBewegung, Ehescheidung und Wiederverheiratung, Patchworkfamilie, gleichgeschlechtliche Lebensgemeinschaften usw. Und auch kirchlich sind viele längst mehr oder weniger dauerhaft aus der »Pfarrfamilie« ihrer Gemeinde ausgestiegen.

## Auswirkungen auf das Priesterbild

Natürlich hatten diese Entwicklungen des Kirchenverständnisses auch Auswirkung auf das Bild und die Rolle der Priester. Vor dem Konzil waren sie eher das Gegenüber zur Gemeinde. Leitbild war der »gute Hirte«, der sich um seine Herde zwar liebevoll kümmert, aber doch so verschieden ist im Rang und in der Beziehung, wie eben Mensch und Tier verschieden sind. Seitdem wir uns in der Kirche als Gemeinde verstehen, passt dieses Bild nicht mehr so richtig, weil das Volk Gottes eben keine Schafherde ist.

Natürlich war es auch früher schön, wenn Priester gut predigen konnten und menschlich glaubwürdig waren. Aber ihre subjektiven Fähigkeiten spielten nur eine untergeordnete Rolle. Sie übten das objektive Amt der Heiligung aus. Wesentlich war ihre sakramentale Vollmacht. Priester handeln »in persona Christi«, an der Stelle Jesu. Sie tun es (theologisch) auch heute noch, aber unser allgemeines Glaubensbewusstsein nimmt es kaum mehr wahr. Als Gläubige an der mystischen Wandlungsfeier der Messe Anteil zu haben, war bis in die 1960er-Jahre viel wichtiger als der Kommunionempfang, zu dem man nur wenige Male im Jahr ging. Unabhängig von seiner

Persönlichkeit war der Priester als Amtsperson umgeben von einer Aura des Heiligen und ausgestattet mit einer höheren Autorität. Wahrscheinlich sogar, *weil* er als Person wenig greifbar war, sahen die Gläubigen ihn als dem Heiligen nah. Und selbst in der Predigt sollte es ihm nicht um ein persönliches Glaubenszeugnis gehen, sondern um die Mitteilung der tradierten christlichen Botschaft und der reinen kirchlichen Lehre.

Mit dem Wandel des Kirchenbildes vom Gnadenbrunnen zur Gemeinschaft wandelte sich auch das Priesterbild. Die objektiven Seiten des »Amtes der Heiligung« traten zurück; wichtig wurde, dass der Priester auch kommunikative Fähigkeiten entwickelt. Er soll jetzt auch in seinem persönlichen Leben, in seinen Worten und Gesten, Handlungen und Haltungen glaubwürdiger Zeuge der himmlischen Gnade sein.

**Mehr Gemeinschaft, weniger Sakrament ...**

Vom Priester wird erwartet, das Evangelium vorzuleben. Leitbild ist jetzt mehr der Priester als guter Kamerad auf dem Glaubensweg. Kirche wird jetzt weniger als mystisch und heilig erfahren und präsentiert. Dafür war sicher wichtig, dass für die Menschen, die die katholische Liturgie (mit Latein, Weihrauch, Gewändern ...) als frommen Zauber empfanden, eine eher nachvollziehbare Gottesdienstperspektive geschaffen wurde.

Der Priester ist jetzt nicht mehr Gegenüber, er feiert nicht mehr am Hochaltar und kanzelt nicht mehr von oben herab, sondern er ist Kommunikator mitten in seiner Gemeinde. Aber es sieht auch so aus, als hätte sich die »vertikale« Himmelsverbindung zum Göttlichen und

Heiligen zugunsten der »horizontalen« Menschenverbindung abgeschwächt. Ich persönlich habe nur sehr wenige Priester kennengelernt, bei denen für mein subjektives Empfinden das »Horizontale« / Gemeinschaftliche und das »Vertikale« / Heilige gleich stark erfahrbar waren. Das ist ja auch sehr schwer, auf eine andere, himmlische Welt zu verweisen und gleichzeitig ganz in dieser irdischen Welt zu sein.

Dieser gesamten Entwicklung entsprach auch eine durchaus positive Aufwertung, die nun der Predigt zuteilwurde, indem sie für viele Gläubige zu einem immer wichtigeren Teil des Gottesdienstes und zu einem Kriterium priesterlicher Qualität wurde. Ich kenne nicht wenige kirchennahe Katholiken, für die eine gute Predigt das mit Abstand Wichtigste am Gottesdienst ist. Gleichzeitig wurde der Empfang der Kommunion häufiger, aber auch gewöhnlicher und immer weniger bedeutsam.

In unseren Gemeinden wird heute stark die menschliche Nähe und Halt gebende Gemeinschaftsfeier eingefordert. Diese soll darum natürlich auch möglichst ortsnah stattfinden und nicht irgendwo zentral oder weit weg. Die Erwartungen an diese Gottesdienste sind primär durch Elemente geprägt wie berührende Musik, eigene Riten, eine möglichst alltagsnahe Liturgie- und Gebetssprache und eine anregende Predigt oder anschauliche Katechese, möglichst wenig »starres Ritual«. Diese Gottesdienste waren in den vergangenen Jahren oft unter einem Motiv »thematisch gestaltet«, das an mehreren Stellen auftauchte (Einleitung, Kyrie, Lesung, Predigt, Fürbitten, Meditation nach der Kommunion etc.). Zu diesen thematischen Motiven gehörten oft Symbole, die auch gegenständlich präsentiert wurden, und entsprechende Rituale (Spielszenen, Tänze, Bilder etc.). Dafür braucht man nicht unbedingt einen geweihten Priester und das können andere Personen oft besser.

Die abwechslungsreich und kommunikativ gestalteten Gemeinschaftselemente (Predigt und Katechese) prägen das Gottesdiensterlebnis oft stärker als der Sakraments-Empfang, der in Wort und Geste immer gleich abläuft.

Daraus entsteht dann heute oft der Konflikt, dass die Bistumsleitungen – mit nach wie vor stärker sakramentalem Verständnis von Gottesdienst (für das man geweihte Personen braucht) – Kirche um die vorhandenen Priester herum organisieren. Während viele Gemeinden – mit weniger sakramentaler Bindung und Erwartung – mehr auf Ortsnähe und kommunikative Vitalität drängen.

Mit den deutschen Reformanregungen, z. B. des Synodalen Weges und von Maria 2.0, die Zugänge zum Priesteramt zu erweitern, müsste daher aus meiner Sicht dringend auch das Bemühen verstärkt werden, die Kraft der Sakramente neu zu entdecken und die Sehnsucht der Gemeinden danach zu vertiefen.

Aber *Kirche als Gemeinde* – das ist mein Fazit – scheint bei den Menschen heute nicht mehr wirklich gefragt zu sein. Ich sehe sie wenig Heimat suchen, und als Orte verlässlicher Beziehung genügen ihnen offensichtlich die Familie und ein kleiner Freundeskreis. Auch jede andere Form von »Verein« hat hier wohl kaum noch Chancen. Selbst Sport und Kultur werden heute eher solo oder als zeitlich begrenztes »Projekt« betrieben.

Welche »Sozialform« von Kirche müssten wir dafür heute neu entwickeln?

# 06  Der Trost meiner
## »liebsten Kirchenmenschen«

Nun will ich eines meiner besten Argumente vortragen, warum ich noch in der Kirche bleibe. Es ist eine meiner liebsten Übungen, wenn der KirchenFrust mal wieder Überhand nehmen will und ich grad nichts Konstruktives mit ihm anfangen kann: Ich rufe mir dann meine »liebsten Kirchenmenschen« in Erinnerung. Das kann ich allen strapazierten katholischen Seelen als probates Beruhigungsmittel und als Balsam wirklich wärmstens empfehlen.

Aber nur, wenn man halt wirklich Beruhigung braucht. Zuweilen brauche ich ja eher die Aufregung als Kraft für Erneuerung, sonst würde sich ja noch weniger ändern, und ich ärgere mich dann, dass sich nicht mehr Leute mit mir zusammen empören ...

Aber es ist einfach schön, vor meinen »inneren Altären« all die Menschen vorbeiziehen zu lassen, die ich als positive KirchenZeugen erlebt habe und denen ich meinen Glauben verdanke. Da kommt eine ganz stattliche Prozession zusammen. Im Geist erzählen sie mir dann von ihren Kämpfen mit der Kirche und sie bestärken mich, nicht aufzugeben.

Klar, gibt es auch die anderen, die einen kirchlich das Fürchten lehren und nur Fluchtimpulse auslösen. Ich habe in meinem ganzen Leben, wenn es um Religions- und Kirchenkritik ging, nur wirklich wenige ausdrückliche Atheisten kennengelernt. Dafür aber umso mehr Menschen mit wirklich grauslichen Erfahrungen z. B. mit ihren Pfarrern oder Religionslehrkräften. Da habe ich wohl einfach Glück gehabt, dass diese Spezies auf meiner religiösen HerzSeelenWaage deutlich geringer vertreten war und die positive Waagschale so wunderbar gefüllt.

Wenn ich hier nun konkret von diesen Menschen erzähle, dann eigentlich nur, um meine Leser:innen zu ermuntern, ihrer eigenen »liebsten Kirchenmenschen« zu gedenken und zu schauen, welchen Kirchenimpuls diese Erinnerungen bei ihnen auslösen ...

## Meine Eltern und ihre Freunde

Mein Vater war ein wegen seiner wohl sehr offenen Art offensichtlich beliebter Religionslehrer an Berufsschulen. 1974 wurde er einer der ersten Ständigen Diakone in Deutschland. Meine Eltern hielten daheim auf durchaus kreative und argumentative Weise unseren hyperkritischen Jugendfragen und -angriffen auf diese »altmodische und verstaubte Kirche« stand. Als meine älteren Geschwister das Tischgebet zu boykottieren begannen, weil es ihnen zu formal und rituell erschien, begann mein Vater stattdessen in freien Gedanken an Not und Leid in der nahen und fernen Welt zu erinnern und für Dankbarkeit zu werben. Meine Frömmigkeit hat meine Mutter – wie mir später klar wurde – mit einem spontanen Einwurf irgendwann einmal zwischen Hauptgang und Nachtisch wahrscheinlich mehr geprägt als durch hundert Vaterunser. Das Essen war bisher ohne ein Gebetsmoment verlaufen und da fehlte meiner Mutter immer etwas Wesentliches. Ich war ca. sechs Jahre und hatte ihr in der Küche beim Puddingrühren geholfen. Mit dem spontanen kleinen »Gebet« »Lieber Gott, du weißt es doch: Stefan ist ein Musterkoch!« erfüllte sie ihr religiöses Bedürfnis. Auf mich wirkte dieses »Gebet« nachhaltig: dass ich als Zweitjüngster mit meinem Puddingrühren vor der Familie anerkennende Erwähnung fand und dass dies gleichzeitig auch vor Gott etwas zählte! Was für ein zugewandter »lieber Gott«, für den selbst mein bescheidener Puddingbeitrag etwas bedeutet ...

Meine Eltern haben schon direkt nach dem Krieg bei ersten Kirchenreformen mitgewirkt. Ihr deutschlandweiter Freundeskreis mit Gruppen in mehreren Städten hieß »Katholische junge Mannschaft«, später »Bund katholischer Männer und Frauen«. Bewegte Laien und sehr offene Geistliche, vom »Quickborn«, von Romano Guardini und der Burg Rothenfels herkommend, die vieles vom späteren Konzil in »vorauseilendem Gehorsam« vorweggenommen haben: »Wir machen heute schon, was morgen bestimmt oder vielleicht erlaubt werden wird.« Aufbruch, Veränderung und Erneuerung, was andere in unserer Nachkriegsgesellschaft erst durch die 68er-Bewegung kennenlernen würden, erfuhr ich schon im familiären Zusammenhang der Kirchenfreunde meiner Eltern. Besonders eindrucksvoll war für mich der Kapuzinerpater Manfred Hörhammer. In der Regel predigte er selten unter 30 Minuten. Er sprach aber so »neu« und lebensnah vom Glauben, dass wir gar nicht genug davon bekommen konnten. Er war Halbfranzose und ein guter Freund von Frère Roger; er hatte diesen auf den kleinen Ort Taizé im Burgund aufmerksam gemacht, wo dann die berühmte Gemeinschaft als Wallfahrtsort für die Jugend der Welt entstand. Später gehörte Manfred Hörhammer zu den

Gründern von »Pax Christi« in Deutschland. Er hat schon in den 60er-Jahren bei uns daheim Tischmessen gefeiert. 1981 war er in unvergesslicher Feier der kirchliche Beistand, als meine Frau und ich einander das Sakrament der Ehe spendeten.

## Meine Bischöfe

Der Bischof meiner Jugend im Bistum Limburg war Wilhelm Kempf. Am Zweiten Vatikanischen Konzil in Rom hatte er als Sekretär mitgearbeitet. Er ließ sich als erster Bischof in Deutschland von demokratisch gewählten Gremien beraten. Schon als junger Theologiestudent durfte ich in diesem DiözesanSynodalrat und im Kirchensteuerrat mitwirken. Kempf wurde vom Nuntius heimlich in Rom als »Progressist« angezeigt; er machte die Sache öffentlich, bekam durch die Deutsche Bischofskonferenz und durch viele Tausend Unterschriften aus dem Volk breiten Rückhalt, und der Nuntius wurde sehr bald nach Rom zurückbeordert.

Nachfolger von Bischof Kempf wurde 1982 Franz Kamphaus. Mit vielfältigen Signalen machte er sich für eine teilende und weniger triumphale Kirche stark. Sein Bischofsstab ist aus Holz von einem Balken des väterlichen Bauernhofes; er zog ins Priesterseminar statt ins Bischofspalais und er fuhr selbst, ohne Chauffeur, im grünen VW-Golf zu seinen dienstlichen Einsätzen im Bistum. Er ließ seit Mitte der 80er-Jahre Formen nichtpriesterlicher Gemeindeleitung erproben – in der Hoffnung, auch andere Diözesen würden sich dem Modell anschließen. Und er legte sich mit Rom an, als der Vatikan die Kirche in Deutschland zwang, aus der Schwangerenkonfliktberatung auszusteigen. Dass die Kirche die gewissensorientierte Beratung weiterführe, war ihm wichtiger, als fälschlich in den Verdacht zu geraten, ein Befürworter der Möglichkeit zur Abtreibung zu sein. Die römische Maßgabe, die Limburger Synodalordnung mit ihrer weitgehenden Laienbeteiligung in Bistumsgremien abzuschaffen, hat er nie umgesetzt. In dem großen Interview über Fragen konkreter Pastoral, das ich acht Jahre nach seiner Emeritierung für die Osterausgabe der Bistumszeitung 2015 mit ihm führen konnte (nachzulesen auf meiner Homepage www.heroks.de/TheoLogisches), wurde mir noch einmal eindrucksvoll deutlich, wie sehr er sich für eine »andere Kirche« eingesetzt hat. Dass solches Engagement bei einem Kirchenmann seiner Generation (er ist Jahrgang 1932) auch Grenzen hat, wundert mich wenig: Er war immer für die Beibehaltung des Pflichtzölibats, und ich habe Stimmen von Kolleg:innen im Pastoralen Dienst im Ohr, die persönlich mit seinem Führungsstil nicht so gute Erfahrungen machten wie ich ... 2019 bat er für »schwere persönliche Schuld« im Umgang mit Missbrauchsvorwürfen gegenüber mindestens einem ihm unterstellten Priester um Vergebung. Das mildert die dahintersteckenden persönlichen und kirchlichen Dramen kein bisschen, ist aber mehr, als andere fertigbrachten. Danach kam Bischof Tebartz-van Elst ...

Zum heutigen Bischof Georg Bätzing habe ich im Kapitel 01 – »Kirche am ›toten Punkt‹« schon gesagt, dass ich finde, er schlägt sich wacker. Gerade auch im Versuch der schwierigen Gratwanderung, Reformen voranzubringen und die Brücken zu den Reformgegnern nicht ganz abreißen zu lassen. Und ich bewundere seine Ruhe, die er zu bewahren versucht angesichts vieler Anfeindungen, die nicht sachlich und auf offener Bühne ausgetragen werden, sondern polemisch und unter der Gürtellinie.

Weihbischof Thomas Löhr war einige Jahre der Leiter des Pastoraldezernates bei uns im Bistum und als solcher mein Chef. Mit seiner Begeisterung und Offenheit konnten wir als Team einige gute Impulse und Projekte von zukunftsfähiger Kirchenentwicklung anstoßen und die unausweichliche Tendenz zur GroßPfarrei – wie ich finde – einigermaßen partizipativ gestalten. Leider legte er diese Aufgabe dann nieder.

## Meine Religionslehrer und Professoren

Ich hatte mindestens einen nachhaltig wirksamen Religionslehrer: Werner Berg. Er konfrontierte uns mit philosophischen Texten zur Gotteslehre und freute sich über kritische Fragen, egal zu welchem Thema. Er war aktiv in kirchlichen Gremien tätig und untermauerte seine kritisch-konstruktive Haltung, indem er einen regen Briefwechsel mit Hans Küng pflegte. Unsere spätere Freundschaft war von ebensolchem Dialog geprägt und hielt bis zu seinem Tod.

Manfred Groth war in der Gemeinde mein Jugendgruppenleiter und in den Klassen 12 und 13 mein Reli-Lehrer. Als ich 1982 Pastoralreferent wurde, warnte er uns bereits damals vor den Gefahren, dass wir ein noch so plausibles GemeindeIdeal nicht verabsolutieren dürften: Auch wer nur zum Gottesdienst käme, sei nicht automatisch ein »schlechterer« Christ ...

Als Professoren in Theologie habe ich noch den berühmten Oswald von Nell-Breuning gehört, die Brüder

Norbert und Gerhard Lohfink, Otto Semmelroth, Ludwig Bertsch. In einzelnen Vorträgen Hans Urs von Balthasar und Johann Baptist Metz. Als ich 13 Jahre alt war, hat mein Vater mich in Wiesbaden zu einem Abend mit Karl Rahner mitgenommen. Ich habe nichts verstanden, war aber hoch beeindruckt! Am stärksten geprägt hat meine Theologie der Sankt Georgener Jesuit Medard Kehl. Wie er mit seiner Theologie unser heutiges Leben gedeutet hat, so liebevoll geerdet, so hochspirituell und gleichzeitig politisch, das war unübertroffen. Gerade auch in den letzten Jahren vor seinem Tod im Blick auf sämtliche Kirchendramen, die er so nüchtern wie kritisch einschätzen konnte, während er gleichzeitig an der Kirche festhielt: »Das ist wie mit einer Mutter, die lässt man nicht im Stich, egal was kommt ...«

## Meine Kapläne

Ich habe in meiner Kindheit und Jugend fünf Kapläne erlebt. Wenn ich hier namentlich von ihnen erzähle, dann einerseits, um zu zeigen, dass es unter diesen jungen Zölibatären eine bunte Vielfalt gab, und andererseits, um ihnen ein kleines Denkmal der Dankbarkeit zu setzen für die durchweg guten Erfahrungen, die ich mit ihnen machen konnte. Das Drama der Missbrauchsskandale, das heute zu Recht die Aufmerksamkeit dominiert und das auch auf fundamentale, bisher nicht korrigierte Risiken und Strukturfehler von Kirche und Theologie verweist, wird für mich keineswegs relativiert, wenn ich hier einmal ganz deutlich sage, dass es auch eine »andere Kirche« und in ihr durchaus rollen- und botschaftssichere Priester gab und gibt, in einem sehr treuen Dienst, der weitgehend den hohen Erwartungen an diesen ungewöhnlichen Beruf entspricht, und denen ich viel verdanke!

Heribert Michel, der erste Kaplan, an den ich mich erinnere, hat so glaubwürdig bei uns gewirkt, dass ein Teil unserer Jugendlichen später mit ihm in seine nächste Gemeinde zog, um dort mit ihm Jugendarbeit aufzubauen. Er wurde dann ganz normaler Gemeindepfarrer, allerdings mit dem außergewöhnlichen Lebensmodell, dass er eine ganze Familie (aus unserer Gemeinde) mit zu sich ins Pfarrhaus nahm und so als Zölibatär doch gleichzeitig emotionalen Familienanschluss mit weniger Einsamkeit genoss.

Dann kam Gerhard Schwartz, der erste Kaplan im topmodernen Cordanzug. Er war ein wunderbarer Gesprächspartner und beeindruckte uns mit einer superverständlichen Bildsprache, die uns die Bibel ins Heute (ins Damals ...) übertrug. Er verliebte sich in eine Theologiepraktikantin und hatte das Glück, noch von Rom laisiert zu werden, was der ihm nachfolgenden Generation oft verweigert wurde. Er war dann Religionslehrer und in synodalen Gremien hoch engagiert und anerkannt beim gleichen Bischof, der ihn zum Priester geweiht hatte. Auch das war die Kirche meiner Jugend.

Reinhard Pünder war unser charismatischster Kaplan. Er gehörte der FokolarBewegung an, die, vom Bild der wärmenden häuslichen Feuerstelle inspiriert, ganz besonders die Liebesbotschaft des Himmels ausstrahlen und umsetzen möchte. »Dom Reinaldo«, zu dem er später als Bischof in Brasilien wurde, war ein leidenschaftlicher und an Optimismus kaum zu übertreffender Gottesmann mit ansteckender Lebensfreude und Menschenfreundlichkeit. Das einzig Grenzwertige, was ich mit ihm erlebt habe, ist, dass er auf dem Weg ins Ferienlager Anfang der 70er-Jahre in einem weit über die Personengrenze hinaus beladenen VW-Käfer einen überbreiten Sattelschlepper in einer Kurve am Berg überholte, sodass uns Jugendlichen ob dieses ungebremsten Gottvertrauens schon mulmig wurde.

Danach kam mit Klaus Schäfer ein sehr liebenswürdiger und engagierter Kaplan, der es allerdings durch manche Ungeschicklichkeit nicht leicht mit sich und bei uns hatte. Seine Begabung war weniger die zur Pfarrseelsorge, er wurde aber ein einfühlsamer Krankenhausseelsorger. Er hat lange zu Einzelnen aus unserer Gemeinde Kontakt gehalten, und auch bei mir kam immer wieder mal eine Botschaft von ihm an, dass er meinen Weg in der Kirche voll Freude wahrnehme.

Der letzte war dann für knapp zwei Jahre Albert Seelbach. Er ist Priester geworden, nachdem er zunächst in einem Druckerberuf gearbeitet und dann als Bundessekretär bei der Christlichen Arbeiterjugend (CAJ) eindrucksvolle Vorbilder erlebt hatte. Die seelsorgliche wie politische Begleitung von Arbeitnehmenden in der Kirche blieb sein Lebensthema, das sich mit der Zeit auf immer mehr soziale Fragen ausweitete. Zuletzt engagierte er sich sehr für Geflüchtete. Mir hat er über die Jahre seine humorvollen bis satirischen Gedichte geschickt und er hat mich mehrfach zum Kirchenkabarett eingeladen.

Mit Eduard Brychlik war dann Mitte der 70er-Jahre auch bei uns die Zeit der Kapläne vorbei und wir erlebten den ersten Pastoralreferenten, der das Bild dieser neuen Berufsgruppe bei uns durchaus positiv prägte.

## So viele noch, die mir begegnet sind ...

Ich könnte diese Liste noch lange fortsetzen. Ich hatte teilweise wirklich hochengagierte und wunderbare Kolleginnen und Kollegen im kirchlichen Dienst als Gemeinde- und Pastoralreferent:innen, schon in meinem Ausbildungsjahrgang, auch Diakone und Priester. Ich habe in vielen Gemeinden, zu denen ich in 41 Dienstjahren kam, wirklich unendlich viele inspirierende und ausstrahlungsstarke Ehrenamtliche erlebt mit einem Glaubenszeugnis, vor dem wir Kirchenprofis nur verblassen können. Hier kommt die größte Gruppe meiner »liebsten Kirchenmenschen« zusammen, wenn ich sie vor dem inneren Auge Revue passieren lasse. Schon auf meiner allerersten Stelle in Hochheim am Main wie auch auf meiner letzten in St. Mauritius in Wiesbaden ...

Viele Religionslehrkräfte fallen mir ein, die nach Impulsen für guten Unterricht gesucht haben und, soweit ich es mitbekam, sehr engagiert waren ...

Viele leben schon nicht mehr, andere haben der Kirche den Rücken gekehrt, viele sind aber auch noch da.

Für sie alle und wegen ihnen bleibe ich in dieser Kirche.

Viele von ihnen hätten aus meiner Sicht einen Orden verdient. Zum Beispiel das Bundesverdienstkreuz. Und hier kommt es für sie alle: das Bundesverdienstkreuz der ganz anderen, der christlichen Art!

## Ordensverleihung

Im Stile Eugen Roths soll ich euch sagen:
Ein Mensch, der scharf aufs Ordentragen
ob der Verdienste, die er brachte,
ob des Verdienstes, den er machte,
ganz einerlei aus welchem Grund,
er hört sich gern aus aller Mund
wohlfeile Lobesreden an,
wie toll man ist und was man kann.

Ein solcher Mensch sei eingedenk,
dass er sein Schicksal richtig lenk':
Für Verdienstkreuze, die vorne schmücken,
muss man sich vor den Reichen bücken.
Ich lobe das Verdienstkreuz hinten!
Mit Rückgrat, ohne alle Finten,
sich vor den Armen zu verneigen
und dort verdienstvoll sich zu zeigen!

Unsern Orden kriegt der Mensch umgelegt,
der sein *Verdienstkreuz hinten* trägt!

# 07 NervenSegen
## Vom Segen der NervenSägen

Es ist so schön, wenn wir gelobt und geliebt werden und Anerkennung finden. Ein guter Teil meiner KirchenSeele ist schon immer auf diesem Trip: Alles dafür tun, dass man gelobt wird. Es möglichst vielen Leuten recht machen. Möglichst wenig anecken.

Alle Gemeinschaften leben von solchen Charakteren. Sie vermitteln, sie gleichen aus, sie beschwichtigen und besänftigen. Sie sind die ruhenden Pole, machen gute Stimmung. Sie sind loyal und verlässlich. Für ihr Umfeld angenehm, weil selten schwierig.

Gut, dass es uns gibt.

Wenn dann die Probleme und Konflikte kommen, eventuell auch handfeste Schuld, wird es spannend. Duckt man sich weg, schweigt und lässt die anderen die Sache austragen? Verbiegt man sich vielleicht sogar ein bisschen und macht das eine oder andere Zugeständnis, eventuell sogar eine fahrlässige Zustimmung aus Angst und Schwäche, wird zum Mitläufer, dann sogar zum Mittäter, weil der Mut zum Widerspruch und die Kraft zum Widerstand fehlen?

Das alles kenne ich persönlich nur zu gut. Und ich glaube, dass das kirchliche Milieu und unsere Vergangenheit, die teilweise noch andauert, in diesem Punkt besonders gefährdet sind: Gehorsam sein, nur nicht streiten und sich durch Wohlverhalten Anerkennung verdienen, bei den nächsthöheren Autoritäten und beim lieben Gott persönlich, das ist ja eine Grundstruktur des christlichen Glaubens und seiner kirchlichen Lebensform. Der Gehorsam gehört zu den sogenannten Evangelischen Räten, war in Familie, Schule, Arbeit und Kirche fest verankert und hat somit im christlichen Ethos einen enormen Stellenwert. Damit konnten Lebensvollzüge in Kirche und Welt lange scheinbar gut geregelt und geordnet werden. Aber es lag und liegt eben auch die große Gefahr des Missbrauchs auf der Hand. Und die Gefahr, dass sich nichts ändert von dem, was dringend anders werden müsste.

## Selig die Widerständler

Und darum wird es höchste Zeit, Kritikfähigkeit und Widerständigkeit aus der Ketzerecke herauszuholen, in die sie kirchlich lange verdrängt waren: *Selig die Widerständler!*

Wer den Finger in die Wunde legt, ist nicht gleich ein Kritikaster, erst recht kein Nestbeschmutzer, im Gegenteil. Im Hinweis auf die Wunde liegt meist der Anfang für Therapie und Heilung.

Gut, sanften Wider- und vorsichtigen Einspruch, verhaltene Warnung, das gibt es schon länger in kirchlichen Kreisen. Aber in der Regel lässt sich innerkirchlicher Widerstand zu leicht aussitzen, zu leicht abwiegeln, zu leicht verunglimpfen, zu leicht ins Bockshorn jagen. In den Kapiteln »Die Konservativen ...« und »Propheten gesucht« kann man mehr darüber lesen ...

Da bleibt dem Widerstand gar keine andere Wahl, als offensiver und intensiver zu werden. Er muss dann mehr Beharrlichkeit entwickeln, zuweilen auch echt Impertinenz. Seine Gegner werden ihre ganze Macht und all ihre Verbindungen »nach oben« aufbieten und mit schwerem Geschütz auf die Kritiker zielen. Es wird kaum sachlich zugehen und oft subtil bis hinterhältig. Mit sehr pauschalen Verurteilungen wie dem Vorwurf der »Protestantisierung« der katholischen Kirche oder des grundsätzlichen Angriffs auf das Bischofsamt. Man wird immer wieder Gründe zu hören bekommen, warum die Kritik und vor allem die Veränderungsforderungen nicht berechtigt sind. Beliebtestes Argument ist, dass alle nur wieder besser und tiefer glauben müssten, dann käme alles in Ordnung.

Da müssen die kritischen Kräfte ganz schön Standfestigkeit entwickeln und eine Menge aushalten können. »Resilienz« nennt man heute die Fähigkeit, Dinge an sich abprallen oder abperlen zu lassen. Früher hieß das einfach »dickes Fell«. Womit ich hier allerdings nicht die »coole« Ignoranz meine, erst gar nichts an sich heranzulassen. In letzterem Sinn waren unsere reformfeindlichen Kirchenkreise schon immer besser, alle Kritik an sich abperlen zu lassen.

Darum muss die Kritik der Reformbefürworter heute lauter und aktiver werden und beharrlicher. Sie muss ihr NervPotenzial verstärken. Dann wird es heißen: »Wenn diese Nervensägen doch endlich Ruhe geben würden!« Dann, dann vielleicht erhöht sich die Chance auf Veränderung. Dann zeigt sich die beharrliche Kraft der Nerven-Sägen als Segen.

## Ihr Freunde Gottes – NervenSegen

*(Melodie: GL 542 – Ihr Freunde Gottes allzugleich)*

Ihr Freunde Gottes allesamt,
im Ehren- oder Priesteramt,
ihr Engagierten ohne Zahl,
in Caritas und synodal:
Helft uns, dass Kirche weiterlebt,
weil ihr ein starkes Beispiel gebt
für Geist, der nicht am Gestern klebt!

Ihr Widerständler voller Mut,
Veränderer mit frommer Wut,
ihr Kritischen mit offenem Wort,
ihr, die – trotz allem – lauft nicht fort:
Helft uns, dass Kirche sich bewegt,
weil ihr Finger auf Wunden legt,
beharrlich an den Nerven sägt!

## Stille Macht, heilige Macht

*(Melodie: GL 249 – Stille Nacht, heilige Nacht)*

*(halb gesungen, halb gesprochen)*
Stille Macht, heilige Macht,
oft missbraucht, kleingemacht:
Mensch und Welt im Namen des Herrn.
Die eig'ne Geschichte hört Kirche nicht gern.
Stets ideal sie sich sieht,
doch wie ist das, was in ihr geschieht!?

Stille Macht, heilige Macht,
hast so viel Unglück gebracht,
Menschen in so tiefes Dunkel getaucht,
um den Himmel betrogen und schmählich missbraucht!
Ach, Kirche, wie soll das nur gehen:
dir vertrauen und *(gesprochen)* zu dir zu stehen?

## 08 »Als wär's ein Stück von mir«
### Warum ich bleibe II

Ich bin gern katholisch.
Und weil mir das Christsein für mein Leben wichtig ist ...
Und weil Christsein immer Gemeinschaft bedeutet ...
Und weil ich mir sicher bin, dass die Welt die Erfahrung
gelebten Christentums, mindestens im Status von Versuch und Bemühen und als »Vorschlag« einer sinnhaften
Lebensform dringend braucht ...
Und weil deswegen nicht diese konkrete Kirche, aber
doch irgendeine Sozialform das Zeugnis der Liebe Gottes
in der Welt wachhalten muss ...
Darum bin ich in der Kirche. Und ich stehe zu ihr.
Zurzeit fällt mir das alles andere als leicht.

»Als wär's ein Stück von mir« hat der Schriftsteller Carl
Zuckmayer seine Autobiografie überschrieben. Er zitiert
mit dem Titel eines der berühmtesten Soldatenlieder
nach einem Gedicht von Ludwig Uhland. Den Satz spricht
einer, dem eine Kugel den Kameraden von der Seite gerissen hat. Mit seinem Tod stirbt ein Stück von ihm selbst.

Nun sind es bei uns in der Kirche nicht die Kugeln
eines fremden Feindes. Wir zerlegen und zerschießen
uns gerade selbst. Mein Gefühl ist trotzdem: »als wär's
ein Stück von mir« ...

Kirchenmänner, Pfarrer, die ihre Autorität und das Vertrauen von Schutzbefohlenen schwer missbraucht haben,
wahrscheinlich bis heute! Das ist einfach nur furchtbar.

Und als ob das allein nicht schon schlimm genug wäre, steigert meine Kirche das Drama noch, indem sie eher undurchsichtig erscheint in der Schuldaufklärung und vor allem höchst befangen wirkt in dem Versuch, glaubwürdig um Entschuldigung zu bitten.

Für die Befangenheit sehe ich Gründe. Es ist vor allem die Scham. Das wird mir mancher jetzt vielleicht nicht glauben, weil er denkt: Wer sich richtig schämt, kann auch richtig Schuld eingestehen und echt um Entschuldigung bitten. Ich fürchte, das stimmt nicht. Erst das bewältigte, verarbeitete Schamgefühl ermöglicht, dass man sich dem Opfer richtig zuwenden kann.

Es ist, wie wenn ein Mitglied der eigenen Familie zum Täter wird. Man will und muss sich ganz von der Tat distanzieren, aber man will und kann sich nicht ganz vom Täter distanzieren. Der bleibt doch trotzdem mein Verwandter und verliert meine Zuneigung nicht restlos. Scham entspringt dann der widersprüchlichen Gefühlslage, dass man nicht genügend Nähe zum Opfer entwickeln kann, weil einem der Täter trotz seiner schlimmen Tat nicht gleichgültig wurde.

Ich glaube schon, dass mancher in den kirchlichen Leitungsetagen ein Gespür dafür hat, dass bestimmte theologische Lehrmeinungen und moralische Verhaltensregeln zu den schwierigen Themen Sexualität und Macht eine gewisse Mitschuld daran tragen, wenn Kirchenmänner ihrer Obhut Anvertraute missbrauchen und ihre eigene, auf ein sehr hohes Podest gehievte Moral fundamental verletzen.

Die Entschuldigungen der Bischofskonferenz und mancher Bischöfe klingen für mich befangen, nicht nur weil einzelne von ihnen möglicherweise persönlich – vor allem als Vertuscher – tiefer involviert sind, sondern weil es sich nicht einfach nur um ganz persönliche, individuelle Schuld von ein paar Pfarrern handelt, sondern auch um gemeinschaftliche Schuld meiner gesamten Kirche, besonders ihrer Führung. Fundamentale Meinungen, Lehren und Traditionen der Kirche wirken sich hier aus. »Strukturelle Sünde« ist ein Begriff dafür, der zeigen will, dass es sich nicht nur um persönliche Einzelschuld handelt, sondern um Systemversagen.

Hier tun sich die Bischöfe, die nur unwillig oder gar nicht zu den Reformprozessen des Synodalen Weges stehen, ganz besonders schwer. Das wollen sie nicht wahrhaben. Da wollen sie nichts ändern.

Es handelt sich dabei auch um einen eklatanten Erfahrungsmangel. Wie soll jemand wie meine Kirche, die ja nicht einmal unbefangen über die schönen Seiten von Sexualität reden kann, angemessen mit ihren dunklen Seiten und Abgründen umgehen können?

Das entschuldigt nichts. Und ich kann schon verstehen, dass Menschen angesichts solcher Erfahrungen auf meine Kirche schimpfen, sich abwenden und gehen. Aber es erklärt mir einiges.

Ich kann nicht gehen, denn die Kirche ist ein Stück von mir und ich bin ein Stück von ihr. Die schuldig gewordenen Priester – das ist, als wäre es meine entfernte Verwandtschaft, als wären es meine Nachbarn, meine Kollegen, meine Freunde. Ich kannte mindestens zwei persönlich und es ist »mein Verein«. Und die stammelnden Bischöfe – als würden da unsere Großväter reden, die nie gelernt haben, über innerste Gefühle zu sprechen und auch nicht über eigene Schuld. Bei nachgewiesenen oder eingestandenen Fehlern befürchtet diese Generation immer einen Autoritätsverlust, weil ihre Autorität mehr rollenmäßig und institutionell zugewiesen erscheint als persönlich erworben. Als würden da unsere Großväter reden, die wir in vielen Haltungen nie verstanden haben, die wir altmodisch und zuweilen starrsinnig fanden. Die wir leider auch nicht ändern konnten, die wir aber trotzdem irgendwie recht liebhatten.

Da kann man nicht einfach weggehen. Man stiehlt sich nicht fort und redet sich nicht raus und verleugnet auch seine Verbindung nicht. Da bleibt einem nur eines: sich abgrundtief und ehrlich zu schämen. Ja, ich schäme mich für meine Kirche, denn ich liebe sie und möchte sie nicht im Stich lassen.

Und dann: Wo und wie immer es möglich ist, geduldig und beharrlich an ihrer Veränderung mitarbeiten. Das scheint zwar oft aussichtslos und von Rückschlägen gezeichnet, aber ich will und kann nicht aufgeben. Jedenfalls bis jetzt noch nicht. Gut ist, sich mit den Reformkräften zusammenzutun, ihnen zumindest den Rücken zu stärken.

Und eben dableiben. Das Feld nicht denen überlassen, die denken, man müsse nichts ändern und alles würde sich irgendwann schon wieder von selbst beruhigen, wenn die NervenSägen und Störenfriede endlich weg sind oder zum Schweigen gebracht. Denen, die Kirche und Religion offensichtlich nur für ihre Selbsterfüllung nutzen, um nicht gleich Selbstbefriedigung zu sagen. Anders kann ich mir ihre Reformwiderstände und das mangelnde Mitgefühl für die Opfer des vielfachen Missbrauchs nicht erklären. Die Kirche nicht den ProblemAussitzern überlassen! Von der Missbraucher-Schutzorganisation zum MutterKircheGenesungsverein! Dafür bleibe ich.


## Moralischer Verlust oder
## Dass keiner mit keinem verkehrt verkehrt
*(Melodie: »Here's to you« von Ennio Morricone/*
*Joan Baez)*

Kirche sag', was nun werden soll,
das Fass des Erträglichen ist leider voll!
Nicht nur, was Einzelne denen getan,
die ihrem Schutz befohlen war'n.

Du, Kirche, selbst das Vertrauen verspielst,
wenn du ein Auge zudrückst und schielst,
wo klarer Blick und Entscheidung gefragt,
wenn bei dir die Moral versagt!

Kirche, sag, wie soll das jetzt geh'n,
in dir noch jene Kraft zu seh'n,
die in mir das Gewissen erhellt
für Gut und Böse in der Welt?

Katholische Moral, sie bleibt nicht immun;
wenn deine Hirten viel Schlimmeres tun,
frag ich nach Verhütung, nach Scheidung und mehr,
Schwulsein und vor der Ehe Verkehr ...

Nein, ich bin hier nicht blind liberal!
Es geht nur um Begründung für deine Moral.
Und dass du die Herzen wirklich bekehrst,
damit sie verstehen, was du sie lehrst.

Kirche ja, wir bräuchten dich schon
mit Gespür für des Himmels wahre Mission,
dass du uns zeigst, wie der Himmel Liebe lehrt:
dass keiner mit keinem *verkehrt* verkehrt!

# 09 »Wo man singt ...«
## Vom Liederstand der Seelen I[3]

### Wer singt überhaupt noch?

Wir Menschen singen. Vor allem wenn wir fröhlich sind und uns entspannt fühlen, z. B. die berühmte Arie in der Badewanne. Oder den begeisterten Fangesang, wenn unsere Mannschaft ein Tor schießt, gar gewinnt. Da werden jubilierende Hymnen regelrecht zelebriert. Und wenn in einer Gruppe heiteren Miteinanders noch ein bisschen Alkohol die Pegelstände hebt, dann braust zuweilen unbändiger Gesang auf, der sich bis zum Gegröle zu steigern vermag – nicht mehr wirklich schön, aber so schön gemeinsam im kollektiven Glücksrausch. Ähnlich der Fangesang, wenn man mit Hunderten, mit Abertausenden Gleichgestimmten dem Livekonzert der Lieblingsband beiwohnt und endlich die längst Kult gewordenen Superhits gespielt werden. Wenn dann alle mit ihren Feuerzeugen dem inneren Entzücken äußere Leuchtkraft verleihen und voller Inbrunst in den Gesang einstimmen.

Lagerfeuerromantik wie in unserer Jugend, wo ein begnadeter und dafür hochbeliebt- bis beneideter Musikus zur Gitarre greift und jene Lieder anstimmt, die so typisch hin und her wabern zwischen heiterem Aufbruch, HeimatPathos und der Melancholie ungewisser Wiederkehr, die gibt es heute wohl nur noch selten. Schlager

---

3   Zu diesem Thema gehören auch ein paar Gedanken aus der Einleitung, die ich hier nicht wiederhole. Siehe Seite 14ff.

und Volksmusik haben noch ihr Publikum, aber doch mehr zum Zuhören als zum Selbstsingen.

Wie mir überhaupt das Singen weniger geworden scheint. Unter jungen Leuten allemal. Die hören lieber ihre Musik, bewegen sich dabei versonnen bis wild im Rhythmus der Beats, aber Singen, nein, das ist eher uncool. Auch bei Kindern nehme ich es weniger wahr, dieses selbstvergessene, fröhliche Trällern beim Spielen, wenn sie mit Gedanken, Träumen und Fantasien in einer so offensichtlich anderen und fernen Welt sind.

Ist das mit dem weniger gewordenen SelbstSingen nun einfach der harmlose Verlust einer eben irgendwie überholten Kulturtechnik? Irgendwas Neues wird schon an deren Stelle treten. Oder ist der Verlust doch fundamentaler? Ist es einerlei, ob wir selbst singen oder Musik nur hören oder in unserem Leben vielleicht ganz ohne Musik auskommen? Sind die Verhältnisse insgesamt etwa so viel trauriger geworden, dass es uns die Stimme und die Sangeslust verschlägt? Sind sie vielleicht sogar »böse«, denn die Lebensweisheit weiß nun mal: »Böse Menschen haben keine Lieder«?[4] Stimme und Stimmung(slage) hängen nun mal nicht nur von der Wort-, sondern auch von der SeelenGrammatik her zusammen.

Und wir Erwachsenen? Wann haben Sie, die Sie meinen Text gerade lesen, zuletzt gesungen? Überhaupt und erst recht aus Überschwang und Lebensfreude? Was war die Gelegenheit, der Anlass? Und haben Sie allein gesungen oder in Gemeinschaft?

---

4  Das geflügelte Wort »Wo man singt, da lass dich ruhig nieder, böse Menschen haben keine Lieder« geht auf das Gedicht »Die Gesänge« von Johann Gottfried Seume zurück.

Wir Menschen dürfen den Gesang nicht verlieren! Das ist mein äußerst dringlicher Appell. Das ist meine feste Überzeugung und tiefste innere Erfahrung. Gesang hat ebenso existenzielle, geradezu lebenswichtige Bedeutung für uns als einzelne Personen wie für unsere Formen von Gemeinschaft. Singen ist atmende Schwingung der Seele, ist klingende Herzensresonanz. Gesang ist das Lächeln der Stimmbänder und das Lachen der Lungenflügel. Singen stärkt nicht nur nachweislich Lunge und Herz. Singen ist GanzkörperWellness, ist NaturYoga, ganz ohne jeden hippen Firlefanz von Moden und Moneten und – besonders schön und wichtig – es ist intensivstes Krafttraining fürs Gemüt, ein ResilienzVerstärker ohnegleichen.

## Singen tut einfach gut

Und gemeinsam singen tut noch besser. Es begründet und stärkt Gemeinschaft, schafft Zusammenhalt, WirGefühl.

Es gibt ja sehr viele unterschiedliche Gattungen von Liedern und Gesängen: vom Kunstlied und dem geistlichen Gesang über das Volkslied mit wiederum vielfältigem Charakter z. B. als Kinder-, Heimat-, Wander-, Seemanns-, Tages- und Jahreszeitenlied, bis zum Schlager, Chanson und Popsong. Eine recht eigenwillige Gattung ist das sogenannte Kampflied, aus dem später der Protestsong wurde. Natürlich geht es mir beim Blick auf dieses Genre nicht um seinen oft militärisch-militanten Hintergrund. Aber seine Definition bei Wikipedia finde ich für mein SangesPlädoyer schon inspirierend: »Als Kampflied bezeichnet man Lieder herausfordernd selbstbewussten oder hymnenartigen Charakters, die in konflikthaften Situationen von organisierten Kollektiven und

Massen ... Verwendung finden ... Dabei dienen sie nicht nur der Demonstration der eigenen Stärke gegenüber dem Gegner, sondern vor allem der Identifikation mit der eigenen Gruppierung und der Bekräftigung der eigenen Zuversicht.« Aus der KampfliedTradition und den sogenannten Arbeiterliedern entwickelte sich nach dem Zweiten Weltkrieg der Protestsong, mit dem einzelne Künstler:innen vor allem politische und soziale Missstände anprangern und damit ihrer Kunst auch eine gesellschaftskritische Dimension und ein reformorientiertes Aktionspotenzial verleihen.

In der Bibel, die ja bekanntlich aus einer Menge einzelner Bücher besteht – nach katholischer Lesart sind es 73 – gibt es auch mindestens drei Liederbücher. Im »Hohelied der Liebe« haben wir ein hymnisches Gedicht vor uns. Das Buch der Psalmen enthält vers- und strophenartige Texte zu allen Lebenslagen vom höchsten Glück bis zum tiefsten Leid. Und beim Buch der »Klagelieder« zeigt schon der Titel, worum es ihm geht. Inwieweit die Texte diese Liederbücher tatsächlich konkret gesungen wurden, ist nicht ganz klar. Zumindest aber für die Psalmen, die sich oft auf den Harfe spielenden König David berufen, können wir von ihrer Sanglichkeit ausgehen.

Damit liefert uns die Bibel durchaus Stoff zum Nachsingen. Viel mehr noch aber will und kann sie uns anregen, unser gesamtes Leben eben nicht in stiller GedankenProsa oder flüsterndem Selbstgespräch vor Gott und die Menschen zu tragen, sondern aus vollen Lungen und überfließendem Herzen auf den »Flügeln des Gesanges«! Ob Lob oder Klage, Dank oder Bitte, Glück oder Schmerz: Singe, o Mensch, dein Leben aus dir heraus!

## Kirchlicher Gesang

Wenn wir uns in unseren Kirchen und Gemeinden zurzeit manchmal nicht besonders wohlfühlen, egal aus welchen Gründen ... wegen der »bewölkten« kirchlichen Großwetterlage und dem permanenten Reformstau ... wegen mancher krisenhafter Phänomene vor Ort, wegen Problemen mit dem Pfarrer (wenn man ihn überhaupt mal zu Gesicht kriegt) und den anderen Hauptamtlichen oder weil wir ob abnehmender Teilnahmezahlen in unserer Kirche zunehmend vereinsamen, empfehle ich, gegen all diese Probleme hübsch-heftig anzusingen! Nicht einfach bloß traurig sein oder sauer, auch nicht immer nur schimpfen. Das macht uns selbst bitter und alles nur noch schlimmer. Nein, singen! Entweder leise und allein vor sich hin, wie ein ermunterndes Selbstgespräch. Besser aber noch lauthals, frei heraus und frisch von der Leber weg. Ich singe, wo ich geh' und steh': natürlich daheim, aber auch beim Feld-, Wald- und WiesenSpaziergang, besonders auf langen Autofahrten; es kann auch schon mal passieren, dass ich leise vor mich hinsinge, wenn ich durch die Stadt laufe oder im Bus fahre. Vielleicht mag mich mancher dann für ein bisschen verschroben halten, aber viele Leute lächeln mir auch zu. Wenn mich etwas sehr bewegt – schon auch das Glück, besonders aber ein Schmerz –, dann setze ich mich ans Klavier und singe. Ich mache mir meinen Reim auf das Problem und dann daraus ein Lied, indem ich die Gedanken, die mich beschäftigen, in Worte fasse.

Am allerbesten aber ist das Singen in verschworener Gemeinschaft, selbst wenn es sich dabei – real oder gefühlsmäßig – um einen »letzten Rest Aufrechter« handeln sollte.

Wie war das mit der KampfliedDefinition vorhin? Dem Gegner Stärke demonstrieren und die eigene Zuversicht bekräftigen. Letzteres ist ja irgendwie klar, Singen macht optimistisch und stark. Aber wer sind unsere »Gegner«, denen Gesang Stärke zeigt?

## Singen, dass die Welt es hört

Natürlich ist »die Welt« kein Gegenüber und als Ganze erst recht kein Gegner der Kirche. Und doch nimmt in der Welt der Anteil derer zu, die immer weniger mit uns Kirchenmenschen zu tun haben wollen. Das hat viele Gründe. Man lebt heute durchaus leicht und unbeschwert ohne kirchlich gebundene Religion, die einem – so wirkt sie für viele – dauernd ins Gewissen reden und die Lebenslust verderben will. Obendrein hat sich unsere Kirche durch ihren bitteren Cocktail aus lebensfremder Moral einerseits und schlimmstem Missbrauch gerade von Moral und Macht andererseits selbst so sehr ins Abseits geschossen, dass eine Rückgewinnung von Vertrauen und Zustimmung nur schwer vorstellbar erscheint.

Ob da eine SingeKirche und trällernde Christen wirklich Abhilfe zu schaffen vermögen? Sicher nicht direkt. Aber eine singende Kirche stünde für mich – gerade gegen das Bild vom moralinsauren Sankt Miesepeter – für Leichtigkeit und Humor, auch für Optimismus und Lebensfreude. Nicht als realitätsblinde, schönfärberische RosabrillenInstitution, sondern als Zeugin für gelebte Hoffnung und tragenden Sinn, durch alles Dunkle und alle Probleme hindurch. Wir schuldeten der Welt längst wieder mehr Beispiel und Vorbild für gelingende Lebensbewältigung. Die Kunst christlicher Musik und kirchli-

chen Gesangs liefert dazu manchmal tiefere Glaubens-
dimensionen und berührendere Herzensbotschaften, als
es eine rein intellektuelle Vermittlung religiöser Lehren
zu bewirken vermag. Nietzsches berechtigter Vorwurf,
dass wir Christen »erlöster« aussehen müssten, um glaubwürdig zu sein, fände für mich gerade durch eine singende Kirche besonders wirkungsvoll Antwort.

Mit unserem gemeindeorientierten Kirchenbild des
Zweiten Vatikanischen Konzils und der Würzburger Synode übersehen wir leicht, wie glaubensbildend und spirituell inspirierend z. B. Kirchenkonzerte sein können. Die
große Zahl Besuchender bei Bachs Weihnachtsoratorium
und Johannes- wie Matthäuspassion dürften nicht länger
übergangen werden, wenn wir die Gottesdienstbesu-
cher:innen zählen! Und solcherart Angebote christlicher
Botschaft mit jeder Art von Musik, die Menschen anspricht, sollten wir noch viel mehr entwickeln ...

Dabei dürfen wir allerdings die Rolle von Verstand und
Vernunft für eine gegenwärtige Theologie trotzdem nicht
geringschätzen. Gerade gegenüber vielen Rationalisten
sind wir ebenso das Zeugnis schuldig, dass Glaube und
Vernunft, Religion und Naturwissenschaft sehr wohl zu-
sammenpassen.

## Singen als innerkirchlicher Brückenschlag

Innerhalb der Kirche gibt es Menschen verschiedener
Richtungen, Strömungen, Flügel. Sie alle sind katholisch,
auch die, die uns als GlaubensGeschwister peinlich sind.
Das heißt aber nicht, dass wir unterschiedliche Auffas-
sungen einfach unter den Teppich kehren könnten. In
den wichtigen Fragen dürfen wir uns den nötigen Streit

nicht ersparen. Manches davon habe ich im Kapitel »Die Konservativen und der Zeitgeist« beschrieben. Es geht um die Frage nach der Bereitschaft zu angemessenen und notwendigen Reformen. Natürlich ist das erste Mittel der Auseinandersetzung um den rechten Reformweg immer die pastoral-theologische Debatte und der sachliche Diskurs. Aber die Sangesmittel vom Klagelied bis zum Kampflied sollten wir auch hier nicht unterschätzen. Sie können zwar auch manipulativ als Mittel für Ideologisierung und Indoktrinierung (zum »Einpeitschen«) missbraucht werden, aber nach meiner Vorstellung stärken sie die einzelne Seele wie den Gemeinschaftsgeist für eine gut begründete und notwendige Auseinandersetzung. Sie können dabei auch helfen, im Streit Leichtigkeit und Humor zu bewahren, der Selbstkritik und Differenzierung fähig zu bleiben und – bei aller Ernsthaftigkeit – Verbissenheit wie Bitterkeit zu vermeiden. In jedem Fall aber machen sie unsere Entschiedenheit deutlich.

Sie bringen Inhalte originell auf den Punkt, erweitern manchen Horizont, halten Themen wach und Diskussionen in Bewegung. So dienen Lieder auf doppelte Weise dem »Widerstand der Seelen«: Sie bestärken sie in ihrer Haltung und sie bezeugen der Gegenseite, dass hier Menschen Widerstand leisten gegen bestimmte Positionen.

Solche Klage- und Kampflieder brauchen inhaltliche Kraft und textliche Originalität. Sie müssen aufhorchen lassen und überraschen. Sie dürfen aber auch wohldosiert, konstruktiv und liebevoll Zumutungen darstellen. Darum ist für mich die Persiflage vorhandener Gesänge ein sehr probates Mittel, Liedern diese Kraft und Originalität zu verleihen. Dazu habe ich im Vorwort unter der

Überschrift »Vom Liederstand der Seelen« schon einiges gesagt.

Hier wird es nun Zeit, der schnöden Theorie praktische Beispiele folgen zu lassen. Inwiefern es sich im Einzelnen eher um Klagelieder oder um Kampflieder handelt, das mögen die geneigten Leser:innen bitte selbst beurteilen. Am besten durch möglichst praktische eigene Erprobung. Ich gehe davon aus, dass die Melodien meiner Liedübertragungen einigermaßen bekannt sind. Wenn nicht, dann findet man sie natürlich über die Angabe des Quellenliedes ...

Es sind aber auch Texte dabei, von denen nur ich die Melodie kenne, meine Lieder, meist in gebundener Sprache. Sie stehen hier dann als »Gedicht« und laden ein, im Lesen selbst zum Tönen und zum Klingen gebracht zu werden. Manche dieser Lieder kann man auf meiner Homepage anhören: https://www.heroks.de/KirchenKabarett/Meine-Lieder

Alle Lieder sind von mir und anderen intensiv erprobt! Dass ich immer noch positiv zu meiner Kirche stehe und das sogar oftmals in Heiterkeit und Freude, verdanke ich zuallererst dem Optimismus, den der liebe Gott und meine Familie mir geschenkt haben. Zuallerzweit verdanke ich es dem Humor, wie er sich gerade in Liedern wie den folgenden ausdrückt.

Manchmal habe ich vielleicht eine Silbe mehr in den Text gequetscht, als das Original vorsieht (mit Unterstrich verbunden), manchmal habe ich *(kursiv gesetzt)* ein paar gesprochene Kommentare eingefügt. Aber es ist alles singbar und will gern von euch und Ihnen, liebe Leserinnen und Leser, erprobt werden. Am besten sofort ...

# 10  Vorsicht, Satire!

## Vom Liederstand der Seelen II: Beispiele

Hier kommt nun eine lose aneinandergereihte Sammlung von Liedern als Beispiele für mehr oder weniger aktuelle Klage- und Kampflieder für strapaziert-wunde katholische Seelen. Ich lade ein, den manchmal durchaus subtilen Spannungsbögen zwischen Ausgangslied und Persiflage nachzuspüren. Besonders aber erinnere ich daran, dass die TrostKraft solcher Gesänge sich erst beim wirklich Singen erschließt! Also bitte wenigstens mitsummen ...

*

*Zu den klassischen Vorstellungen von Kirche gehören ihre hehren Bilder als »Mutter« und »Braut«. Hohe Ideale, die leicht zur Selbstüberhöhung verleiten und in Krisenzeiten natürlich zum kritischen Realitätstest herausfordern. Ich denke aber, man sieht und hört dem folgenden Lied an, dass alle Kritik, um konstruktiv zu bleiben, letztlich in der Überspitzung von Liebe und im Despektierlichen von tieferem Respekt geprägt bleiben muss ...*

## Liebeslied für eine »ältere Dame«

*(Melodie: Wir lieben die Stürme,*
*die brausenden Wogen ...)*

1. Wir lieben die Kirche, die ältere Dame,
mehr Tante und Oma als Mutter und Braut!
Wir lieben sie wirklich und wollen sie ehren!
Ihr »Erbgut« ist Glück, weil sich Gott ihr »anvertraut«!

*Refrain:*
*Jawohl, so is' es!*
*Wir sind kritisch, doch voll Liebe steh'n wir uns'rer*
        *Kirche bei!*
*Jawohl, so is' es!*
*Denn wir wollen, dass sie jung bleibt und von Alters-*
        *schwächen frei!*

2. Sie ist kaum mehr fruchtbar, und Heimat und Wärme
vermisst man, sie wirkt eher stiefmütterlich.
Auch Reinheit und Liebe als bräutliches Wesen
scheint ihr heut zu mangeln, lässt den Bräut'gam sie
        im Stich!?

3. Ist sie nun senil und verkalkt in den Häuptern?
Sind lahm ihre Glieder, ist blass ihr Gesicht!?
Auf, macht ihr Gymnastik, pastorale Bewegung,
dann käme sie in Gang, dass der Sendung sie entspricht!

*Refrain*

4. Sitzt einsam die Alte allein in der Kammer
und träumt nur von früher, wie schön sie mal war,
dann muss sie verkümmern, verliert bald das Leben,
wird grau und verbittert und sieht nicht klar!

5. Sie muss mit der Zeit geh'n, nicht um ihr zu frönen,
sie soll mit ihr streiten, dass wär' ihre Pflicht!
Wenn sie hinterherhinkt, dann wird ihr entgleiten
der Mensch und die Welt, und ihr letzter Glanz erlischt!

*Refrain*

6. Doch liebt sie die Menschen, ihre Hoffnung, ihr
      Denken,
bleibt offen im Handeln, gegen Machtgier immun,
dann kann sie uns »göttliche Erfahrungen« schenken!
Heimat und Wärme! Froh und frei macht dann ihr Tun!

*Refrain*

*

*Dass es aber nicht nur die kirchlichen Hierarchen sind,
denen unsere wunde katholische Seele ihre Strapaziertheiten verdankt, sondern auch manche Brüder und Schwestern, nimmt das folgende Lied auf die Schippe:*

## ... dass mir so traurig der Sinn
*(Melodie: LoreleyLied – Ich weiß nicht, was soll es bedeuten)*

Ich weiß nicht, wie soll ich es deuten,
   worüber mir traurig der Sinn.
Weil ich mit so wenigen Leuten
   am Sonntag im Gottesdienst bin!
Wir waren doch früher mal Massen,
   ach ja, das war wirklich toll!
Uns're Kirche konnt' sie nicht fassen;
   jetzt sind grad zwei Bänke voll.

*(Wenn man die Leute, die sich stammplatzmäßig*
*und solo über das gesamte Kirchenschiff verteilen, ein*
*bisschen zusammenrückte ... Aber wie die Kontinente*
*in der Erdverschiebung driften die »Inseln« der Gottes-*
*dienstbesucher:innen im riesigen Kirchenraum immer*
*weiter auseinander ...)*

Ich sag es ja wirklich nicht gerne,
   es liegt auch an eurem Gesicht!
Oft so finster, das treibt in die Ferne,
   wo heller und wärmer das Licht!
Das Leben, das Menschen heut suchen,
   das finden sie anderenorts:
im Urlaub- und *Kreuz*-Fahrten-Buchen,
   und voll sind die Tempel des Sports.

Wie könnten wir eines nur meistern,
  das wäre meine Passion,
paar mehr Menschen wieder begeistern
  für die Firma »Gott, Vater und Sohn«.
Wir müssten erzählen und strahlen,
  volle Herzen öffnen den Mund!
Den Menschen den Himmel ausmalen,
  dann würde die Kirche gesund.

Fangt an, es mal neu zu probieren,
  vielleicht ja beim Nachbarn zuhaus?
Und mit Kindern und Enkeln trainieren,
  wie Glauben geht, testet es aus!
Wen habt *ihr* für Kirche geworben?
  Wen habt ihr gefragt: Komm mal mit?
Ach, euch ist die Hoffnung gestorben?
  Dann füllen die Bänke sich nit!

*

*Einer der größten Irrtümer von uns als Kirchen ist die tragische Verwechslung von ernst und traurig. Da singen wir dauernd »Sonne der Gerechtigkeit«, aber immer mit äußerst bewölkten Mienen. Und wie steht es überhaupt mit dem Christentum und der Gerechtigkeit? Was dann doch tatsächlich nicht nur eine frohe, sondern auch eine politische Kirche von uns einforderte ...*

## Sonne der Gerechtigkeit

*(Melodie: GL 481 – Sonne der Gerechtigkeit)*

Die Sonne der Gerechtigkeit nicht vernebeln,
    sondern stets bereit
als Kirchen in unser'm Land, mit den Ärmsten
    Hand in Hand
*(so aktiv wie kritisch)* Sozialstaat sein!

Drum mischt euch politisch ein,
    Vereine, Kirchen und Partei'n,
dem Flüchtling und sozialer Not
    zu helfen ist christlich' Gebot,
ach, mischt euch ein!

*Dieses wunderbare SonnenGerechtigkeitsLied trägt dann
aber auch einen heftigen Appell in sich, den Geschwister-
zwist unter uns Kirchen endlich zu überwinden. Da haben
aber scheinbar beide Kirchen keine Lust drauf. Meine letzten Strophen spitzen den Appell darum ein bisschen zu:*

Schaue die Zertrennung an,
    keiner stört sich wirkungsvoll daran.
Wo ist der Leidensdruck als Kraft,
    die Veränd'rung sucht und schafft?
Empört euch mehr!

Weck die tote Christenheit
    aus dem Koma der Selbstgefälligkeit,
wo sie lieber untergeh'n, als auf den andern zuzugeh'n
im Kompromiss.

Weck der Kirchen Einigkeit,
    dass sie merken, es ist höchste Zeit:
Die Gräben zu! Zusammengeh'n,
    dass die Menschen an uns seh'n,
wie Einheit geht!
*(gesprochen: und Friede+Versöhnung+Gemeinschaft+Liebe+Solidarität)*

*

*Es ist alles aber auch eine Frage der »Bekehrung« (vorzutragen mit einem schönen alten Besen in der Hand).*


**Bekehre uns**
*(Melodie: GL 266 – Bekehre uns, vergib die Sünde)*

Bekehre uns, entstaub' die Herzen!
Hol das Feuer vor, Glut aus der Asche!

Du, Kirche, setztest im Mangel inn'ren Feuers
auf Scheiterhaufen und verbrannte Erde!
Los, werte Christen, lasst nur die Herzen brennen!

Das Licht des Glaubens ist heut bisschen funz'lig.
Und wie von gestern wirken seine Zeugen.
Los, bisschen strahlen, lasst die Augen leuchten!

Bekehret euch, entstaubt die Herzen!
Holt das Feuer vor, Glut aus der Asche!

*Da hilft nur: Umkehren und auskehren! Sich und die Welt*
*auf die Schippe nehmen! Und den ganzen Mist raus aus*
*Kopf und Herz und Seele – und aus der Kirche!*

## Macht weit die Pforten hin zur Welt
*(Melodie: GL 360 – Macht weit die Pforten in der Welt)*

Macht weit die Pforten *hin zur* Welt!
Die Türen auf, dass Licht reinfällt
und frischer Wind zum Lüften!
Be-kehrt die Kirche besenrein
und fliegt paar *(gesprochen:) weibliche und verheiratete*
*oder ihre Homosexualität frei leben dürfende* Priester ein!
*(Sexualität ist kein Teufelswerk und Frauen sind keine He-*
*xen! Das könntet ihr mit 300 Jahren Verspätung jetzt lang-*
*sam verstanden haben. Außer Weihrauch, Oster- und Her-*
*zensfeuer, soll bei uns nix mehr brennen, auch nicht auf*
*dem ScheiterHaufen eurer menschenfeindlichen römischen*
*Dogmatik!)*
Weckt Kirche aus den Grüften!
Lasst sie leben
arm und strahlend,
Schuld bezahlend,
frei vom Bösen:
die Welt erfreuen und erlösen!

*Das Zweite Vatikanische Konzil und sein Initiator Johannes XXIII. haben unsere Kirche aufgefordert, die Fenster zur Welt zu öffnen, frischen Wind hereinzulassen und die Kirche »auf die Höhe der heutigen Zeit« zu bringen. Dieser Aufruf zum »Aggiornamento« wurde immer wieder missverstanden, verunglimpft und bekämpft als »gefährliche Anpassung an den Zeitgeist«. Dazu neigte irgendwie auch unser Wir-sind-Papst Benedikt XVI. Darum kann es aber gar nicht gehen. Die Kirche muss sich selbst auf die Höhe der Zeit bringen, um mit dem Zeitgeist Aug' in Auge streiten zu können. Andernfalls ergibt sich das fatale Bild:*

### Alle Stürme vorübergehen lassen?
*(Melodie: GL 534 – Maria, breit den Mantel aus)*

Du, Kirche, trotzt stolz dem Sturm der Zeit,
schimpfst krückstockschwingend auf die Leut',
willst, dass wir bei dir sicher steh'n,
bis alle Stürm' vorübergeh'n:
auch der Sturm des Heil'gen Geistes
prallt an dir ab, du weißt es!

\*

*Und statt im Gefolge von Papst Franziskus' besten Momenten auf Frühlingshauch zu setzen, auf Morgenröte und Morgentau, bleibt es in der Kirche weitgehend bei Eiszeit und Schockstarre.*

## Kirche – bitte auftauen!

*(Melodie: GL 754 – Tauet, Himmel, den Gerechten)*

Tauet, Himmel, den Gerechten – wir ha'm Jesus
    eingefror'n!
Weil wir nix verändern möchten, haben wir das Volk
    verlor'n.
Seht, es liegt auf Eis gebettet des Himmels Sohn,
    der uns errettet.
Wie der Liebe Feuersglut liegt auf Eis der Kirche Mut!

*

*Das DankLied eines aus der Kirche Ausgetretenen – aber
Vorsicht: ausgetreten! Als Verb ist hier weder grammatisch
noch inhaltlich klar, ob es sich um aktiv oder passiv ausgetreten handelt. Wie eine Zigarette ausgetreten oder aus der
Kirche hin-ausgetreten wie mit einem Tritt in den Hintern
oder vors Schienbein? Wenn man nicht mehr genug Priester
in die Kirche reinbekommt, dann muss man halt so viele
Leute (r)austreten, bis die Priester wieder reichen ...*

## Danke, mir reicht's

*(Melodie: Danke für diesen guten Morgen)*

Danke, mir reicht's endgültig, wirklich,
danke, weiß nicht mehr, was das soll!
Danke, ich hab's probiert, doch jetzt hab' ich
    die Schnauze voll!

Danke, ich bin kein frommes *(dummes)* Schaf mehr,
danke, ihr Hirten könnt mich mal!
Danke, mir geht ja doch keiner nach, ich bin euch
  sehr egal!

Danke, ihr sitzt am warmen Feuer,
danke, die Herde friert und irrt umher.
Danke, ihr stinkt nach Weihrauch *(nicht nach Herde)*,
keiner von euch kennt mich mehr!

Danke, ihr solltet auch abdanken,
danke, folgt Benedikts Beispiel Stück für Stück!
Danke, würd's mehr Franziskusse geben –
  *(dann)* käme ich vielleicht zurück!

*Diese LiedPersiflage stammt aus der Frühzeit des Pontifikats von Papst Franziskus. Inzwischen würde ich eine solche letzte Zeile wohl (leider!) nicht mehr schreiben, weiß aber auch noch keine andere ...*

*Die Passage vorher mit dem Weihrauch spielt auf eine Aussage von Papst Franziskus an, mit der er in der Gründonnerstagspredigt an die Priester in aller Welt 2013 und später im Apostolischen Schreiben »Evangelii gaudium« (»Die Freude des Evangeliums«) die Seelsorger erinnert und ermuntert, dass sie sich nicht zu schade sein sollen, wie Hirten zu sein, die »nach der Herde riechen«.*

## Ach, mein Gott, wer lobt dich noch?
*(Melodie: GL 380 – Großer Gott, wir loben dich)*

Ach, mein Gott, wer lobt dich noch?!
Die Großen nicht und kaum die Kleinen!
Du verheißt, ach, wie heißt das noch:
Als Sonne *(gesprochen: der Gerechtigkeit, des Friedens,*
   *der Liebe, der Diakonie, der Solidarität ...)*
   in die dunkle Welt zu scheinen!
Doch seht, im Eimer ist euer Licht
   *(Ihr wisst schon: Matthäus 5,14, Bergpredigt:*
   *»Ihr seid die Stadt auf dem Berge, die leuchten soll,*
   *weithin zu sehen sein!*
   *Man stellt auch nicht ein Licht unter den Eimer ...«)*
Gott *(gesprochen: den Himmel, die Liebe, den Frieden ...)*
   auszustrahlen geli-ingt euch nicht!

Und des Hi-immels Heiliger Geist,
großer Stu-urm zum Herzenbewegen,
in unsere Kirchen eingeschlossen und abgespeist,
lasst ihr ihn nicht wehen als seelischen Segen!
Gottes Geist weht in uns nur (f)lau,
so bleibt unsere Wirkung nur mau!

*Die Kirche ist immer nur darauf aus, die »Fassade« zu wahren. Daran renoviert sie in Reformen und Reförmchen strukturell herum, dahinter blicken lässt sie nicht. Die leuchtende TranszendenzVermittlerin von einst ist heute zur blinden IntransparenzAgentur geworden ... Aber die Frage nach der Fassade sollte uns wirklich beschäftigen, auch und gerade im Blick auf Liturgie und Gottesdienst:*

## Traurige Litanei von Kirche und Gottesdienst
*(nach der AllerheiligenLitanei GL 556.4)*

V: Textstrophe    *Alle:*    Al – les   Fas – sa – de!?

V: Wenn ich nur ästhetisch in Chorälen und Weih-
rauchduft bade:

A: Al-les Fas-sa-de!

V: Wenn Kirche nur Recht und Ordnung vertritt statt
Gnade:

A: Al-les Fas-sa-de!

V: Wenn Gottesdienst nur von gestern ist, langweilig
und fade:

A: Al-les Fas-sa-de!

V: Wenn ich keine Nachbarn und Freunde und Fremde
persönlich zur Kirche einlade:

A: Al-les Fas-sa-de!

V: Wenn nach der Weihnachtspredigt in voller Kirche
wieder nur der Eindruck herrscht, Chance verpasst,
wie schade:

A: Al-les Fas-sa-de!

V: Wenn wir uns liturgisch träge im Gottesdienst nur bedienen lassen, wie im Speck die Made:

A: Al-les Fas-sa-de!

V: Wenn wir erwarten, Gott biege unsere liturgisch krummen Dinge einfach so gerade:

A: Al-les Fas-sa-de!

V: Wenn wir, statt Gespräch und Toleranz zu versuchen, dem Andersdenkenden nur ans Schienbein treten und in die Wade:

A: Al-les Fas-sa-de!

V: Wenn ich, statt zu lieben, nur Frust, Schimpf und Ärger ablade:

A: Al-les Fas-sa-de!

V: Wenn der Nutzen von Kirche und Liturgie nicht größer ist als ihr angerichteter Schade:

A: Al-les Fas-sa-de!

V: Wenn also spirituell bei uns nix dahinter ist und vorne nur bröckelnde Kirchen-Fassade:

V+A: *(langsam und kräftig/laut)* Mein Gott, wie schade!

## Lobet den Herren!

*(Melodie: GL 392)*

Lobet den Herren, doch nicht nur mit Lippen und Zungen!
Lobt ihn mit Herzen, die hüpfen, und bebenden Lungen!
Lobt ihn ganz treu der Tradition und doch neu!
Lobt ihn als Menschen von heute!

*

*Und das geht eben nicht nur mit Worten von gestern und
Gesten von vorgestern.*
*Was gestern modern war, fängt heute an zu modern!*


## Singt ein wirklich neues Lied

*(Melodie: GL 409 – Singt dem Herrn ein neues Lied)*

Singt dem Herrn ein neues Lied! Wirklich neu, von heute!
Was der Kirchenchor gern mied, wo das Volk sich scheute!
Bisschen schräg und bisschen laut, ruhig auf die Pauke
    haut!
Traut euch bisschen, Leute!

Singt dem Herrn auch neues Wort! Was heut' Menschen
    denken!
Denn dann merkt die Welt sofort, dass auch in Kirchen-
    bänken
Leute sehr lebendig sind und dass manchmal frischer
    Wind
das Kirchenschiff will lenken.

**Wer nur den lieben Gott verwaltet**
*(Melodie: GL 424 – Wer nur den lieben Gott lässt walten)*

Wer nur den lieben Gott verwaltet
mit Dogma, *(Kirchen-)*Recht und Hierarchie,
dem bald Gemüt, Herz, Mut erkaltet;
ach, Heil'gen Geist? Den spürt er nie!
Führt niemand ins Gelobte Land,
fährt meine *(geliebte, missionarische, reformfreudige,
    konzilstreue ...)* Kirche an die Wand!

So stürzen uns in schwere Sorgen
die »Woelkis« voll Reformverzicht,
erschwer'n der Kirche Weg ins Morgen,
so überzeugt ihr Zeugnis nicht.
Statt freier Fahrt am ZukunftsSteg
verbau'n *(verrammeln, verpassen, vermasseln)*
    sie jeden Synodalen Weg!

*

*Im Folgenden habe ich ein Lied ausgewählt, dass man im
Original heute weder singen, denken noch sprechen darf,
weil ihm völlig zu Recht Rassismus vorgeworfen wird. Es
hat aber immer wieder – auch in der politischen Liederma-
cherSzene – zu kritischen Persiflagen herausgefordert. Und
wenn man dann, wie nun wir, selbst zur besungenen Minderheit gehört, dann sieht die Sache natürlich wieder ganz
anders aus ...*

## Zehn fromme Kirchenleut'

*(nach der bekannten KinderLiedMelodie)*

Zehn fromme Kirchenleut' stets heikle Themen scheu'n;
einer hat eins ausgesprochen – da war'n es nur noch neun.

Neun fromme KirchgangsChristen haben in der Kirche
nie gelacht;
der eine fing zu lächeln an – da war'n es nur noch acht.

Acht fromme Priestermänner redeten viel vom Lieben;
einer macht ernst und heiratet – da war'n es nur noch
sieben.

*(Das war »katholisch«; jetzt »evangelisch«:)*
Acht fromme Pastorenmänner, die redeten viel vom Lieben;
einer macht ernst und heiratet – einen Mann! Da war'n es
nur noch sieben.

Sieben fromme Kirchenleut', die schwiegen über Sex;
einer hat das Tabu gebrochen – da war'n es nur noch ...
»Pst!«
*(Geste zum Stillschweigen)*

Sechs fromme Kirchenleut' schleichen depressiv wie auf
Strümpf';
einer ist mal kräftig aufgetreten – da war'n es nur noch
fünf.

Fünf fromme Kirchenleut' setzen alles Neue vor die Tür;
einer wollt' es drinbehalten – da war'n es nur noch vier.

Vier fromme Kirchenleut' war'n zwar erlöst, doch nicht
sehr frei!
Eine wollte auch Freiheit wagen, da war'n es nur noch drei.

Drei fromme Kirchenleut' war'n hauptamtlich dabei.
Einem hat das Bistum die Stelle gestrichen – da war'n es
nur noch zwei.
*(Wobei wir ja heute über diese – niedrige – Quote noch
froh wären …)*

Zwei fromme KirchgangsChristen, Gottesdienst wird
immer kleiner …
*(langsam, mit Pathos und Trauer:)*
Als jemand dann gestorben ist – da war es nur noch einer.

Ein frommer Kirchenleut' will in die Welt jetzt geh'n.
So viele Menschen brauchen dich! Gleich sind es mehr
als zehn!

So viele *(gesprochen:)*
   ganz junge
   ganz alte
   und mittelalte
   und halb gesunde
   und ganz kranke
   und ziemlich benachteiligte

Ja, die Menschen brauchen dich! So könnte Kirche geh'n!
|: Kirche, hör' auf stillzusteh'n! Du wächst doch nur im
Geh'n! :|

# 11 Beim Stöbern in meinen Kirchenbildern ...

Schaut man sich in der kirchlichen Tradition so um, dann findet man eine ganze Menge von »Kirchenbildern«, also von Dingen, Figuren, Sachverhalten mit denen die Kirche als Ganze verglichen und symbolisch dargestellt wird. So z. B. als Haus mit vielen Wohnungen, als Schiff, als Braut ... Es entsteht dabei eine Art Katalog von Kirchenbildern, in dem man herumblättern kann.

Lassen Sie mich mit Ihnen etwas herumschmökern in diesen vielen Seiten von Kirche, die Bildworte »aushorchen« und manchmal vielleicht auch ein wenig respektlos daraufhin abklopfen, was sie so über das Wohl und Wehe der Kirche von heute aussagen.

## Haus Gottes

Da ist das Bildwort vom Haus Gottes. Ein Traum von Kirche? Ein Traumhaus, ein Luftschloss? Haus Gottes. Eine Immobilie (also etwas Unbewegliches, Regloses)? Voller Makel und Mäkler? Haus Gottes. Sind wir hier bei ihm zu Besuch (als entfernte Verwandtschaft, die immer den Mantel anbehält) oder sind wir hier zu Hause, Hausgenossen? Worauf lässt unser Benehmen schließen? Haus Gottes. Einst ein bewegliches, mitwanderndes Bundeszelt, dann erstarrt zu einer steinernen Burg mit eisernen Tabernakeln, in denen die Liebe Gottes wie auf Eis gelegt erscheint? Das Haus Gottes so groß und mächtig, dass sich Menschen darin verlieren?

Haus Gottes. Heimelig oder eher unheimlich? Haus Gottes. Vielfach »ruiniert«, vielfach erneuert. Auch hinter den Fassaden? Und der große Riss durch die ganze Christenheit, fällt er uns überhaupt noch auf? Haus Gottes.

Ein Haus, in dem es dann warm und hell und wohnlich und geborgen wird, wenn die Türen weit offenstehen, wenn die Bewohner freundlich hinausschauen in jeden Winkel der Welt; und wenn der Tisch gedeckt ist für alle. Ich wage das Bild: Ich wünschte, wir säßen hier beherzter am »Stammtisch der Liebe Gottes« (Kolping und KAB üben da schon ...) und würden miteinander reden über Gott und die Welt und nährreich Mahl feiern in seinem Gedenken.

## Schiff

Da ist das Bildwort vom Schiff, das sich Gemeinde nennt. Ein Traum von Kirche? Ein »Traumschiff« höherer Art. Das Lied aus den 70er-Jahren, das davon singt, kennen Sie bestimmt. Der Begriff ist so bedeutsam, dass er zum architektonischen Namen von Kirchenraum wurde: Mittelschiff, Seitenschiff. Das Boot spielt eine wichtige Rolle in den Wundererzählungen des Neuen Testaments, wie Jesus dem Sturm und der Angst der Jünger Einhalt gebietet oder wie er die müden Fischer mit ihren leeren Booten zum überraschend großen Fang aussendet. Beides sind für mich sehr aktuelle Symbolgeschichten für unsere kirchliche Wirklichkeit von heute.

Ein besonderes SchiffsGleichnis (»Von der ›heiligen‹ Einseitigkeit«) folgt weiter hinten.

## Mutter und Braut

Da ist das Bildwort von der Kirche als Mutter und Braut. Kann der »Bräutigam« (Jesus) noch vom Liebreiz der Braut entzückt sein? Ist sie überhaupt in der Lage, ihm Liebe zu zeigen, auf sein Werben mit Liebe zu antworten? Kann der Bräutigam wirklich sicher sein, dass sich die Braut nicht schon eingelassen hat mit mächtigeren Herren der Welt in dieser oder jener Region auf der Erde? Hat sie ihm wirklich die Treue gehalten bis heute? Alttestamentliche Propheten von Jesaja bis Hosea sahen sich gezwungen, der Erwählten Gottes schlimme Spiegelbilder vorzuhalten (Jes 1,21; Jer 2,20; Ez 16,15; Hos 1,2 – 3,5); sie sei zur Hure verkommen, die sich für Geld mit den Reichen einlasse ...

Und verhält sich unsere katholische »Mutter Kirche« nicht zuweilen stiefmütterlich gegenüber vielen Gruppen von Menschen, in deren Leben Existenzielles gescheitert ist (eine Ehe, eine Priesterberufung etc.) oder deren Leben dem Maßstab der kirchlichen Normen nicht standhält (Homosexualität, voreheliche Beziehungen, Kirchenfrust ...)?

Mehr Greisin als Mutter, zeigt sich Kirche oft unfähig, dem Geist der Zeit noch zu folgen. Nicht, um sich ihm zu unterwerfen, nein, ganz im Gegenteil, um mit ihm zu streiten Auge in Auge, mit Gespür für die Realität. So schimpft sie ihm dann eher mürrisch und krückstockschwingend hinterher und ist verbittert, dass sie die Menschen von heute nicht mehr erreichen kann.

## Kleine Herde

Da ist das Bildwort von der Kirche als einer kleinen Herde. Ein Traumbild von Kirche? Eigentlich geben wir uns doch mit kleinen Zahlen, kleinen Gruppen nicht zufrieden. Und »Herde«, das klingt in unseren Individualitäts-Ohren nach Vermassung und dummem Schaf, was wir nicht sein wollen. Für mich ist es dennoch ein spannendes Bild. Vom Tierreich könnten wir manchen hilfreichen Umgang mit Problemen, z. B. zwischen Generationen oder für Fragen der Leitung, übernehmen (bitte nehmen Sie es nicht zu wörtlich, wenn jetzt ein Beispiel aus der Welt der Affen kommt): Der älteste und erfahrenste Affe führt die Horde durch das altvertraute Gebiet zu den gewohnten Futterplätzen. Er führt sie an, wenn es um Kämpfe geht, mit deren Umständen die Horde schon Erfahrungen hat. Muss die Horde nun aber aus irgendwelchen Gründen in Richtung Neuland aufbrechen, gänzlich neue Probleme bewältigen, so überlässt der Ältere ganz von allein die Führung dem Stärksten und Geschicktesten von den Jungen. Er mischt sich nicht ein, bleibt aber auch nicht gekränkt zurück und schimpft nicht über die Neuerungen, sondern er zieht mit in der Mitte der Menge. Kehrt man irgendwann zurück auf Felder früherer Erfahrung, übergibt der Junge ohne zu murren wieder die Führung an den Alten. So eine Art von kleiner Herde – welch ein Traum von Kirche und Gesellschaft!

## Hirten

Zum Kirchenbildwort von der Herde gehören natürlich die Hirten. An Weihnachten ist von ihnen immer viel die Rede, wie sie aufbrechen vom behaglichen Lagerfeuer, weil eine gute Nachricht bei ihnen angekommen ist. Sie geraten in Bewegung und Begeisterung, nähern sich der menschgeborenen Liebe Gottes an, seiner Armut, seinem Ausgestoßensein, seinem Kindlichwerden, nicht kindisch! Welch ein Traum von Kirche: Aufbruch und Bewegung unter den Hirten!

## Mein liebstes Kirchenbild: Freunde Gottes

Mein persönliches Lieblingsbild unter den Kirchenmodellen: Kirche – *die Freunde Gottes!* Freundschaft, damit ist nicht oberflächliche Kumpanei gemeint und mehr als nur Interessengemeinschaft. Wer wirklich Kirche leben will, der braucht in seinem Herzen Platz für wirkliche Freundschaft und Sehnsucht danach. Wer nicht das Bedürfnis hat, sich auf die Nähe von Menschen einzulassen und sein Leben mit ihnen zu teilen und möglichst viele der Handlungsweisen Jesu ganz konkret auszuprobieren, dem wird die sinnstiftende Kraft der Nähe und Liebe Gottes verborgen bleiben. Unsere tiefsten Erfahrungen von Freundschaft: einander unersetzlich wert zu sein, miteinander Glück zu feiern, Leid mitzutragen, miteinander Orientierung zu suchen, einander den Rücken zu stärken, sich in Freiheit aneinander zu binden, gemeinsam schöpferisch die Welt zu gestalten und ihre Zukunft zu sichern und in alledem einander auch ausdrücklich die Erfahrung der Nähe und Kraft Gottes zu bekunden ... Diese Freundschaft unter Menschen macht Jesus zu seinem besonderen Bild von Kirche (z. B. Joh 15,15).

Und diesen Freundeskreis stattet er mit wunderbaren Kräften aus. Durch die, die zum Glauben gekommen sind, werden folgende Zeichen geschehen: In meinem Namen, sagt Jesus, werden sie Dämonen austreiben, Kräfte also wie Größenwahn oder Neid oder was auch immer den Menschen, zu jeder Zeit anders, von innen heraus zu verderben droht; sie werden in neuen Sprachen reden und so den Kommunikationsverlust ihrer lauten und phrasenhaften Geschwätzigkeit und die Verliese ihrer Depression überwinden; wenn sie von den Schlangen vor den Supermärkten der Paradiesverkäufer verschlungen werden oder das tödliche Gift des Zynismus und der Häme oder der üblen Nachrede sie trifft, wird es ihnen nicht schaden; und die Kranken, die Sehnsuchts- und Herzenskranken, die Liebeswaisen und die Psychosomatiker, die Kopfweh-, Kreuzweh- und die Bauchwehkranken, die Völlerer und die Magersüchtigen, die Phobiker und Melancholiker und Alkohol- und Workoholiker, denen sie die Hände auflegen, werden gesund werden (nach Mk 16,17–18).

Unglaublich, wie Johannes seinen Jesus diese Markus-Zusage an den Freundeskreis noch überbieten lässt: »Wer an mich glaubt, wird die Werke, die ich vollbringe, auch vollbringen, und er wird noch größere vollbringen« (Joh 14,12). Welch ein Traum von Kirche!

Bin ich ein unrealistischer Träumer? Mühsam und schmerzhaft lehrten uns die Therapeuten des vergangenen Jahrhunderts, die Botschaft der Träume wieder ernst zu nehmen. Die Bibel Jakobs, Josefs und Joëls und Elis und Ezechiels und wieder Josefs steht schon immer für diese Weisheit: Die Träumer sind die mit dem besonders wachen Blick für die Wirklichkeit von morgen.

## 12 Mein liebster Glaubenszeuge
### Der heilige Philipp Neri (1515–1595)

An Philipp Neri konnte man wohl auf faszinierende Weise erfahren, was Freiheit, Liebe und Freude der Kinder Gottes ganz lebendig und konkret bedeuten. Seine Leidenschaft und Lebenslust ließen ihn aus jedem gediegenen Lebensmodell aussteigen und trieben ihn stunden- und tagelang durch die Straßen Roms. Sein beträchtliches Erbe hatte der aus Florenz Stammende an die Armen verschenkt, bevor er mittellos nach Rom ging. Alles Lebendige saugte er in sich auf; er knüpfte Kontakte zu allem und jedem, besonders zu den Kindern. Seine Gottesnähe erlebte er ekstatisch, mit frommer Verzückung und vielen mystischen Elementen. Den Menschen brachte er handelnd und schwärmend, völlig undogmatisch und nicht belehrend die Liebe Gottes nahe.

Seine Wirkung und Ausstrahlung müssen so mächtig gewesen sein, seine Freiheit und Menschenfreundlichkeit so stark und für konventionelle kirchliche Kreise gleichzeitig so bedrohlich, dass die Kirche alles daransetzte, ihn zu domestizieren. Erst nach 15 Jahren mehr sozialer als missionarischer Tätigkeit in den Straßen Roms und in seiner kärglichen Behausung gelang es der Kirche, ihn zum Priesteramt zu überreden. Seine kleine Wohnung war geradezu ein geistliches Zentrum laikaler und weltoffener Frömmigkeit geworden, wo alle – Kinder, Handwerker, Gebildete – einander das Evangelium auslegten, sangen, beteten. Kardinal zu werden, hat er zeitlebens abgelehnt. Disziplinarmaßnahmen hat er sich eingehandelt (zeitweise Predigt- und Zelebrationsverbot, Wohnortauflagen usw.), aber sie blieben gegen seinen unbezwingbaren und freien heiligen Geist wirkungslos.

Aus Angst vor einer Art von frömmelnder Heiligkeit, die ihn hochmütig und eingebildet machen könnte, machte er sich und andere, die er in gleicher Gefahr sah, vor aller Welt lächerlich und hielt sich mit solcherart Narreteien und kritischen Tönen selbst in der Kirche, im Gottesdienst und vor Päpsten nicht zurück, deren fünfzehn er erlebte. Wer in der Kirche nicht nur eigene Macht und Wohlstandsgier befriedigen wollte, sondern ernsthaft an urchristlichem Geist und froher Botschaft interessiert war, suchte Philipps Nähe und seinen Rat. Die Lebensgemeinschaft, die sich um ihn und seine lebendige Frömmigkeitsform herum entwickelte, nannte sich *Oratorium* (Gebetsort). Später wurde daraus einerseits eine Art Ordensgemeinschaft, aber mit sehr freiheitlicher Regel. Andererseits inspirierte die freie Art von Frömmigkeit, Gesang, Bibeltext und -auslegung z. B. Giovanni da Palestrina und später Johann Sebastian Bach zu Werken geistlicher Musik, die sie dann »Oratorium« nannten.

### Leibhaftige Seelsorge

Was mich persönlich an diesem Heiligen besonders anspricht, ist seine undogmatische, phantasievolle, lebenszugewandte Frömmigkeit und Seelsorge. Seine Freiheit und sein Mut um der Menschen und um Gottes willen, seine leibhaftige Seelsorge. Eitlen Damen konnte er z. B. unvermittelt die kunstvolle Frisur verwuscheln. Er selbst hielt sich an keine Kleiderordnung und lief besonders gern in einem roten Hemd durch die Stadt. Sein pädagogisches Geschick bewahrte ihn vor lehrhafter und moralisierender ZeigefingerVerkündigung. Die Bußleistungen z. B., die er als Beichtvater auferlegte, waren lebensnah und heilsam. Die Methoden seiner Kritik an Geisteshaltungen und Lebensformen waren kreativ und fantasievoll und wohl darum so erfolgreich. Christian Feldmann schreibt:

*Halb Rom wollte bei Il Santo, wie man ihn nannte, beichten. Kein Wunder bei seinem psychologischen Gespür, wie er es etwa bei jener Klatschbase bewies, deren größte Lust darin bestand, die angeblichen Fehler und Schwächen ihrer Nachbarinnen auszuposaunen. Er trug ihr die ungewöhnliche Buße auf, ein Huhn zu rupfen und die Federn in ganz Rom vom Wind zerstieben zu lassen. Als sie das nächste Mal im Beichtstuhl erschien und sich erneut der üblen Nachrede bezichtigte, erfand er eine neue Buße: Nun sollte sie sämtliche Hühnerfedern wieder aufsammeln und in die Kirche bringen. Großes Entsetzen: das sei ja unmöglich! Darauf Filippo: Genauso unmöglich, die Wirkung böser Worte zurückzunehmen und einmal ausgestreute Verleumdungen wieder einzusammeln.*

*Und eine andere unverbesserliche Dame, die von der Kommunionbank, ohne den Schlusssegen abzuwarten, immer schnurstracks nach Hause zu hasten pflegte, ließ er einmal von vier Ministranten mit brennenden Kerzen zu ihrer Wohnung geleiten, um sie auf ihr taktloses Verhalten Gott gegenüber aufmerksam zu machen.*[5]

---

5  Aus: Christian Feldmann, Gottes sanfte Rebellen. Große Heilige der Christenheit, © 1995 Verlag Herder GmbH, Freiburg i. Br., S. 246.

## Furchtlos vor der Obrigkeit

Für seine kritische Freiheit auch der Kirche und ihrer Hierarchie gegenüber mag folgender Text stehen, den Johann Wolfgang v. Goethe in seinem Philipp-Neri-Kapitel der »Italienischen Reise« überliefert:

*Memorial des Philipp Neri an Papst Clemens VIII.*

*Heiligster Vater! Und was für eine Person bin ich denn, dass die Kardinäle mich zu besuchen kommen, und besonders gestern Abend der Kardinal von Florenz! ... Er blieb auch bis zwei Stunden in die Nacht und sagte so viel Gutes von Eurer Heiligkeit, viel mehr als mir billig schien: denn da Sie Papst sind, so sollten Sie die Demut selber sein. Christus kam um sieben Uhr in der Nacht, sich mir einzuverleiben, und Eure Heiligkeit könnte auch wohl einmal in unsre Kirche kommen. Christus ist Mensch und Gott und besucht mich gar manchmal. Eure Heiligkeit ist nur ein bloßer Mensch ... Was hätte ich nicht alles zu sagen, wenn ich meiner Galle freien Lauf lassen wollte. Ich befehle Eurer Heiligkeit, dass Sie meinen Willen tun, wegen eines Mädchens, das ich nach Torre de' specchi [ein Frauenkloster in Rom] schaffen will. Sie ist die Tochter von Claudio Neri, dem Eure Heiligkeit versprochen hat, dass Sie seine Kinder beschützen will; und da erinnere ich Sie, dass es hübsch ist, wenn ein Papst sein Wort hält. Deswegen übergeben Sie mir gedachtes Geschäft und so, dass ich mich im Notfall Ihres Namens bedienen könne; umso mehr, dass ich den Willen des Mädchens weiß und gewiss bin, dass sie durch göttliche Eingebung bewegt wird,*

*und mit der größten Demut, die ich schuldig bin, küsse*
*ich die heiligsten Füße.*[6]

Seine leidenschaftliche Gottesliebe ging immer irgendwie mit ihm durch, hielt ihn in äußerster Bewegung, trieb
ihn durch die Gassen, zu den Menschen, besonders zu
den Kindern, die alles mit ihm machen durften. Über-
schwängliche Freude, lautes Lachen, pralle Lebenslust
und Staunen vor Gottes Schöpfung. Und dann im nächsten Augenblick das krasse Gegenteil: Seine Gottesliebe
versetzte ihn in entrückte Ekstasen, in denen er während
einer Messfeier oder auch nur beim morgendlichen An-
kleiden eine Stunde und mehr mit dem »inneren Auge«,
äußerlich zur Salzsäule erstarrt, das göttliche Gegenüber
seiner Liebe betrachtete.

## »Camillo Franz von Hoodspiegel«

Man erzählt, Legende oder Wirklichkeit, dass sein Herz
so voll der Liebe und Leidenschaft für Gott und die Menschen war, dass es sich sogar organisch ins Überdimensi-
onale vergrößerte und von innen die Verknorpelung der
Rippen durchbrach. Selbst wenn dies »nur« Symbolik
sein sollte – was für ein Bild für Herzensgüte! »Erd, Himmel, Zeit und Raum erfüllt von Lachen sind. Und immer
ist heute der sonnigste Tag!« So schrieb er in einem So-
nett. Philipp muss von penetrant guter Laune gewesen
sein. Man möchte meinen, dass er überhaupt nicht
»ernst« sein konnte, vielleicht alles ins Lächerliche zog,

---

6  Aus: J. W. v. Goethe, Italienische Reise; Werke in 8 Bänden, Bd. 5, Emil Voll-
   mer Verlag, Wiesbaden o. J., S. 1089.

weder Pietät noch Anstand, Würde, Ehrfurcht kannte, auch nicht die gängigen Eigentumsgesetze. Um die römischen Waisenkinder, die er um sich sammelte, versorgen zu können, wandte er Methoden zwischen Bettelei, moralischem Druck und räuberischer Erpressung an, bei denen er gern für sich jeden Nachteil und jede Tracht Prügel in Kauf nahm. »Gut, das war für mich, jetzt aber etwas Rechtes für die Kinder!«, konnte er sagen, wenn seine Bitte um Geld, Brot oder eine kleine Arbeitsstelle für seine Schützlinge von irgendeinem Grobian nur mit einem Fußtritt oder mit einem über ihn geleerten Nachttopf beantwortet wurde. So war er in demütiger Aufdringlichkeit und in geduldiger Unruhe eine heiter-hilfreiche Mischung aus Franz von Assisi, Robin Hood, Till Eulenspiegel und Don Camillo! Für seine heilige Mission konnte er durchaus einiges NervenSägenPotenzial in sich aktivieren, das sich sehr eindrucksvoll als Segen erwies ...

**Welch große Kraft aus der Freude**

In der Tat spricht vieles, vor allem aus der ängstlich-disziplinierenden Reaktion der Kirche, für ein solches Bild des heiligen Philipp Neri, das ihn als gelungene Mischung aus Franziskus, Robin Hood und Till Eulenspiegel zeigt, dabei aber eben auch ganz nah dem Bilde Jesu. Das alttestamentliche Buch Nehemia erzählt, dass das Gottesvolk vor Rührung und Freude geweint habe, als man ihm aus den fünf Büchern Mose von der Rettung des Volkes durch Jahwe vorlas und ihm nahebrachte, dass die Stärke der Menschen in der Freude an Gott liege (Neh 8,1–12). Seit ich mehr über Philipp Neri erfahren habe, entwickle ich selbst viel mehr lebendige Erfahrung von der Kraft und Macht, die aus der Freude an Gott erwachsen kann.

Die Lebensfreude Philipps trampelt nicht gefühllos über das Leid der Traurigen, Kranken und Armen hinweg, bietet nicht einfach billige Vertröstung. Die Freude befähigt ihn zu außerordentlichster menschlicher Hilfeleistung. Durch seine spürbare und heilende Solidarität mit aller Not kann seine Lebensfreude tatsächlich ansteckend werden. Er stellt sich mit den Menschen dem Leben in allen Dimensionen. Darum wirken seine Freude und sein Gottvertrauen so glaubwürdig und fruchtbar. Die große Liebe Gottes in ihm lässt ihn überall den verborgenen, verschütteten, verletzten Glanz des hellen Lebens wiederentdecken und in den Menschen bestärken.

Er empfindet die Liebe Gottes zur Welt, die durch ihn hindurch alle erreichen will, so stark, dass er immer wieder seine menschlichen Grenzen, die diesen Prozess einengen, lautstark betrauert und bußfertig bekämpft. »Gott, warum schenkst du mir so viel Liebe und dann nicht genug Hände und Augen und Ohren und Füße und Zungen, um sie überallhin weiterzuschenken?« – so ungefähr hat Philipp gebetet. Diese ihn forttragende Liebeswoge, ja regelrechte Liebeswut kann schon fast beängstigend wirken. Wie erfrischend und befreiend, wenn wir, die wir alle mehr oder weniger von der kirchlich-religiösen Angsterziehung verbogen sind, jenen großen Heiligen beten hören: »Jesus, gib mir die Kraft, dass ich dich nicht aus Furcht, sondern aus Liebe lieben kann!«

# 13 Kennst du des Himmels zweitbeste Kraft?

Wer kann mir sagen, wo in unserem Gesicht die Grenze verläuft zwischen einem Lächeln und einem Grinsen? Sie werden sich wundern: so um die Nase herum! Genauer gesagt: Zum Grinsen benutzt man fast nur die Mundwinkel, zum Lächeln gehören immer auch die Augen und ein ganz bestimmter Blick.

Beide, Lächeln und Grinsen, wurzeln in unseren innersten Gefühlen. Beide haben auch ihre jeweiligen »Explosivformen«: Aus dem Grinsen wächst das Hohngelächter, das laute Auslachen, einer schallenden Ohrfeige gleich. Aus dem Lächeln kann das herzerfrischende, befreiende Lachen werden, das manchmal gar nicht mehr aufhören will.

Es ist eine sanfte und geheimnisvolle Sprache, das Lächeln; es gibt Rätsel auf und stellt ganz behutsam und feinsinnig Beziehungen her. Es kann wissend und fragend, einladend und Distanz wahrend zugleich sein. Man braucht feine Sinne, um es »über der Nase« zu entfalten, und Gespür, um seine Sprache zu verstehen.

Ich wünschte mir FitnessCenter, die BodyBuilding mehr für die Gesichtsmuskeln anbieten. Letztlich ist es natürlich eine Frage von HerzBuilding. Dort nämlich entscheidet sich in einer Art von »seelischem Kraftakt«, ob das Gesicht die geheimnisvolle Grenze zu überschreiten vermag vom gehässig-verlegenen Grinsen zum verheißungsvollen Lächeln und von dort zum herzerfrischenden Lachen. – Was sagt denn Ihr Gesicht dazu?

## Zeichen christlicher Lebenskunst

Das Lächeln und das herzerfrischende Lachen sind für mich ein wesentliches Moment christlicher Lebenskunst. Nun sind von Jesus, dem zentralen Gewährsmann christlicher Lebenskunst, in der ganzen Breite biblischer Quellen leider keine Witze überliefert. So ein Pech. Und ich sehe meine Kirche auch immer noch eher in verbiesterten Traditionen gefangen, die nicht so viel spüren lassen von Froher Botschaft. Da singen wir immer wieder »Nun freut euch, ihr Christen«, aber die Gesichter bleiben todernst, die Körper stocksteif, und Kirchenobere bemüßigen sich manchmal sogar, das Klatschen zu verbieten. Wir singen von der »Sonne der Gerechtigkeit«, aber unsere Mienen bleiben dabei bewölkt. Herzensfinsternis. Leider. Nicht selten jedenfalls. Das berühmte Buch »Der Name der Rose« erzählt vom erbitterten Kampf eines falsch verstandenen Christentums gegen das Lachen und die Lebensfreude. Wer lacht, fühlt Freiheit. Damit tut sich meine Kirche bis heute oft schwer. Friedrich Nietzsche hat uns vorgehalten, dass die Christen einfach erlöster aussehen müssten, damit er ihnen glauben könnte.

Ich will hier also von einer christlichen Lebenskunst erzählen, für die wir Christen selbst bisher eher schwache Gewährsleute sind. Das ist grundsätzlich peinlich, aber in einem Punkt ist es sogar von Vorteil: Wir können uns nichts darauf einbilden! Keine Chance auf überheblichen Vorbildgestus, den wir so lieben, und auf moralischen Zeigefinger, den wir so gut können: »Schau mal, du böse Welt, so musst du das machen!«

In Sachen Lächeln und herzerfrischendem Lachen kommen wir nämlich mit zwanghaften moralischen Appellen und verkrampfter NächstenliebePropaganda kein bisschen weiter. Mit Witzen übrigens auch nicht. Wenn wir ehrlich sind, fördern die meisten Witze doch eher ein schräges Grinsen und das auslachende Hohngelächter zutage – oder? Es sei denn, sie fördern die Selbstironie ...

## Sich leichtnehmen

Können Sie über sich selbst lachen? Ich meine nicht jene vielfältigen Formen vorauseilender Selbstverhöhnung, indem man über sich selbst abfällige Bemerkungen macht, bevor es jemand anderes tut. Das wäre so schmerzlich, dass man dem lieber selbst zuvorkommt. Nein. Über sich selbst lachen im Versuch, sich und die Beschwernisse des Lebens leicht zu nehmen. Sich locker machen gegen alles Verkrampfte und Verbissene und Verbohrte.

Die Seelenwaage umjustieren. Die spezifischen Gewichte von Schmerz und Glück genau umkehren. Haben Sie schon mal nachgefühlt, wie das wäre, wenn Sie der kleinen Alltagsfreude, dem vorbeihuschenden kleinen Kompliment, dem zaghaften, anerkennenden Blick in ihrem Herzen das gleiche Gewicht geben könnten, das die kleine Beleidigung, Zurücksetzung und Enttäuschung dort von ganz allein hat? Warum nur wiegt das eine so schwer und nimmt man das andere kaum zur Kenntnis? Zumindest nicht mit nachhaltiger Wirkung?

Mit dem Sich-und-die-Beschwernisse-Leichtnehmen ist keine Leichtfertigkeit gemeint. Das mag ich auch nicht, dass sich Leute selbst nicht ernst nehmen, weil sie grad gar nichts ernst nehmen.

Vor vielen Jahren reiste die katholische Jugend der Welt nach Sydney zum Weltjugendtag in Australien.

»Down under« nennt sich dieser große Kontinent mit feiner Selbstironie: »Unten drunter« oder »Untenrum«. Die Bezeichnung kommt eigentlich nur von seiner geographischen Lage auf dem Globus. Es spielt und klingt aber all das mit, was wir »Understatement« nennen: sich kleinmachen, nicht aus Selbstverachtung oder sich wegduckendem Selbstschutz oder strategisch, damit die anderen tunlichst widersprechen; nein, sich kleinmachen, weil man es nicht nötig hat, groß zu tun. Das ist echte Stärke und Größe, das zu können: sich kleinmachen – ohne Selbsterniedrigung.

Beim Weltjugendtag sind die jungen Menschen dem damaligen Papst Johannes Paul II. begegnet. Ein bisschen staune ich immer, womit diese alten Männer im ein bisschen zu edlen weißen Gewand wohl die Begeisterung der Jugend hervorrufen, jedenfalls in diesen Jahren damals. Man weiß ja auch nicht so recht, welcher Art diese ZuStimmung letztlich ist und was sie bewirkt im christlichen Glauben. Ich bin erst so ungefähr, seitdem ich fünfzig wurde, begeistert vom Papst meiner Jugend, Johannes XXIII., dem Roncalli-Papst. Von ihm stammen wunderbare Äußerungen des SichLeichtnehmens: »Johannes, nimm dich nicht so wichtig!« So hat er sich wohl gern, ein bisschen vielleicht mit Koketterie, im SichKleinmachen geübt. Oder: »Was habt ihr denn, Leute, macht nicht so viel Aufhebens um mich, ich bin doch nur der Papst!« Wie kommt man zu einer solchen Haltung?

Auch vom 30-Tage-Papst Johannes Paul I. sind besonders seine Güte und sein Lächeln überliefert. Ich glaube ja auch, dass er an Gift gestorben ist. Allerdings nicht an einem, das toxikologisch nachzuweisen wäre. Ich glaube, dass ihn die Bitternis, das Verbitterte und Unerbittliche vergiftet hat, die Stimmung, das Ränkespiel, die Machtkämpfe und die Intrigen, die er im vatikanischen Zentrum seiner Kirche wohl vorgefunden hat. Das hört man ja immer wieder, dass im Vatikan eher das Gegenteil von christlicher Idylle herrsche. Bei den Sex-and-CrimeSkandalen um die Schweizergarde schwappte davon immer mal eine kleine Welle nach draußen, die die großen inneren Wogen erahnen ließen. Da hatte Johannes Paul I. aufräumen wollen. Und da hat sein zu gutes Herz versagt. Ich habe ein Buch von ihm mit wundervollen Briefen, voller ... ja, voll womit und wovon nur?

Nun kommt es also, das große Wort, auf das dieser Text hier über das Lachen und die Lebensfreude und das SichLeichtnehmen im Tiefsten zuläuft. Das, wo die Kraft und Größe und Stärke des SichLeichtnehmens und SichKleinmachens überhaupt herkommt. Sie ahnen es längst:

**Humor!**
Der Humor ist für mich eine ganz besondere Kraft der Liebe! Sich leichtnehmen, sich kleinmachen, mit einem Lächeln die Welt verstehen und mit dem gleichen Lächeln das Unverständliche tragen, das kann nur der Mensch, der Humor hat! Schwer zu beschreiben, was das überhaupt ist, Humor.

Das Wort kommt von Feuchtigkeit. Wir kennen das bei der Pflanzerde, dem Humus: Er muss locker sein und feucht, dann nimmt er Nährstoffe auf und Leben kann gut in ihm gedeihen. Wie feuchte, lockere Erde für das Wachstum aller Gewächse nötig ist, so der Humor für das innere Wachstum des Menschen. Vor allem auf dem Humor wächst die Größe, sich klein- und leichtmachen zu können und sich nicht so zu wichtig zu nehmen. Trotzdem aber auch wieder wichtig genug, dass man sich selbst nicht vernachlässigt.

Das christliche Zeugnis vieler Kirchenleute klappt, wie mir scheint, zuweilen deswegen nicht, weil sie noch keine gesunde, erlöste Form der Selbstliebe gefunden haben.

Völlig unverständlich ist mir aber wirklich, warum es der Humor nicht in die Zehn Gebote, unter die sieben Gaben des Heiligen Geistes oder zumindest in die Seligpreisungen der Bergpredigt geschafft hat!

Jesus lobt zumindest die Fähigkeit, sich kleinmachen zu können: Wenn ihr nicht werdet wie die Kinder, könnt ihr nicht in den Himmel kommen (Matthäus 18,1–5)! Damit meint er nicht Infantilität und Albernheit, sondern die kindlichen Fähigkeiten zum ergriffenen Staunen, zum vorbehaltlosen Vertrauen, zum herzerfrischenden Lachen, zur bewegenden Hoffnung, zum fröhlichen Spiel. Dies alles sind wunderbare Kräfte des natürlichen, des kindhaften Kleinseins ohne jeden Größenwahn. Wenn man groß und erwachsen geworden ist, dann ist es hauptsächlich der Humor, der uns diese Kräfte bewahrt.

Viele andere Jesusoptionen, zum Beispiel *Wer der Größte unter euch sein will, der soll euer Diener sein* (Matthäus 23,11), meinen eigentlich das Gleiche. Sie werden aber schnell zu moralischen Imperativen und damit leicht zwanghaft.

Humor kann man nicht verordnen und nicht erzwingen, auch und erst recht nicht bei sich selbst. Humor ist eine Gabe, die man suchen und erbitten und finden und in sich entwickeln kann. Humor ist nichts anderes als eine besondere Form der Liebe. Sein Mangel ist tatsächlich Lieblosigkeit, vor allem sich selbst gegenüber. Humor ist die Kraft der Liebe, das Schwere am Leben tragen, bewältigen, nehmen, leichtnehmen zu können. Und gleichzeitig – ist das nicht wunderbar?! – ist der gleiche Humor die Kraft der Liebe, die uns am Schönen Freude empfinden lässt, Glück und Fröhlichsein. Denn es ist wiederum nichts anderes als die Liebe, die uns im Glück dann lächeln und lachen lässt.

Wer Humor hat, kann fliegen wie ein Engel – weil er sich leichtnimmt. Also fliegen Sie schön!


**Des Himmels zweitbeste Kraft**

Kennst du des Himmels zweitbeste Kraft,
die Schweres leichtmacht, wirklich zauberhaft?
Was finster ist, das macht sie hell,
und wo's trocken war, da sprudelt ihr Quell!
Wie das Leben glückt, das macht sie uns vor:
Die zweitbeste Himmelskraft
*(nach der Liebe natürlich!),*
das ist der Humor!


Kennst du des Himmels zweitbeste Kraft,
mit der dein Herz Frust-Neid-Leid-Überwindung schafft?
Was eng und starr und hart,
wird durch ihn weich, beweglich und zart!
Alles Böse seine TodesMacht verlor:
Klar, erstens durch die Liebe,
aber zweitens durch den Humor!

## Das elfte Gebot und die achte Seligpreisung

Du Mensch darfst und sollst lachen!
Aus der Tiefe deines Herzens!
Lache den Teufel aus und alles Böse,
lach es aus dir heraus und
lache es aus, wo immer du es triffst!
Lache dir das Glück herbei
und halte es fest im lächelnden Gesicht
und im hüpfenden Zwerchfell!

Lache, dass die Erde schwingt und erbebt
durch deine Freude!

Schenke auch deinem Feind dein allerschönstes Lachen,
nichts regt ihn *mehr* auf!
Nein, nichts regt ihn mehr *auf!*

Aber ohne Häme und Schadenfreude!
Außer bei denen, die's nun wirklich verdient haben
wegen ihres Hochmuts und ihrer Arroganz!

Du sollst dem Nächsten lachen wie dir selbst!
Lache ihm und dir das Herz frei
und den Geist offen
und den Mut fröhlich!
Lache, lache, lache!

## Heilig, heilig, heilig, guter Gott!
*(Sanctus der heiteren Lebensfreude)*

Heilig, heilig, heilig, guter Gott!
So singen wir und sagen.
Und genießen darin die Augenblicke,
wo unser Herz so voll ist
vom Verweilen einer Liebe,
vom Zauber eines Gelingens,
vom Schwung einer anhaltenden Bewegung,
dass unser Mund überläuft!
Überläuft zu dir und von dir!
Heiliger Überschwang!
Verrücktes Entzücken!
Prophetischer Jubel ohne Ende!
Geradezu göttliche Albernheit
im Leichtnehmen
von uns selbst.
Mit unserem Lachen wollen wir dir singen, Gott,
der du den Galgenhumor vom täglichen Tod
zu echtem Osterjubel befreist.
Wir wollen dir singen
mit hüpfendem Zwerchfell,
mit Humor, der das GeWichtige trägt
und ausbalanciert
in, mit, zwischen dir, GottHimmelundErde.
Wir wollen dir singen
mit dem Lächeln der Weisheit,
das du dem Kind schenkst und der Greisin.
Heilig der Augenblick, in dem wir dieses Geschenk
wiederentdecken zwischen unseren ernsten Mienen,

es einziehen lassen in jeden Winkel des Gesichts
und es bewahren in vollen Zügen.
Lass uns der irdische Spiegel und Widerhall sein
des Lächelns deiner Engel
und des hellen Lachens deiner himmlischen Chöre!
Amen.

# 14 Kirche muss politisch sein
## Warum ich bleibe III

Ich habe jetzt schon ein paarmal davon gesprochen, dass mir nicht selten zum Weglaufen ist. Und das gilt keineswegs nur für die Kirche. Auch in Staat und Gesellschaft passieren Dinge, die in mir Fluchtimpulse und Auswanderträume wachrufen. Aber ich wüsste nicht wirklich, wohin. Auch da plädiere ich fürs Bleiben und dafür, sich einzumischen. – Wie politisch darf-muss-sollte die Kirche sein?

Parteipolitisch soll sie sich raushalten. Finde ich richtig. Das heißt allerdings nicht, Kirche solle insgesamt eher unpolitisch sein. Was übrigens auch Politik wäre: nämlich VogelStraußPolitik, den Kopf in den Sand stecken. Nein, Kirche darf und muss sich einmischen, Position beziehen, Meinung machen – in Sachfragen.

Wo Menschlichkeit aufs Spiel gesetzt wird, wo Maßstäbe verrutschen, wo Gewissen und Moral gefragt sind, wo zwischen Gut und Böse abzuwägen ist, wo das Soziale versagt, da muss sich Kirche einmischen. Sich mit ihren Werten und ihrem Ethos, mit Wort und Tat gesellschaftspolitisch positionieren und bewähren, eben politisch handeln. Das kann sie aber nur, wenn sie sich immer wieder theologisch vergewissert, was ihre Botschaft und Sendung für die jeweilige Zeit bedeutet. Das kann sie nur, wenn sie sich nicht andauernd mit sich selbst beschäftigt. Das kann sie nur, wenn sie sich »in der Welt« Vertrauen erwirbt.

Die Kirche gehört als Zeugin höheren Sinns und der Kraft der Liebe in die Welt! Sagen wir es mal parolenhaft zugespitzt: Nur wer für die Armen schreit, darf auch gregorianisch singen! Solche politische Haltung hat in der Kirche seit den Tagen Jesu Tradition. Nur gibt es in diesem Bereich leider kaum Traditionalisten ...

Ich habe mich in meiner Arbeit immer für eine in diesem Sinne politische Kirche eingesetzt. Oft wurde ich auf Veranstaltungen eingeladen, um gegen kirchen- und gesellschaftspolitische Notstände anzusingen. So schreibe ich auch diese Lieder und Texte in mein Trostbüchlein hinein, weil man an die Stelle von »Rechtsruck und Wachstumswahn in Deutschland« auch locker Traditionalismus und »immer so weiter mit den alten Regeln und Rezepten in der Kirche« setzen könnte. Die Lobby für diese Art politischer Kirche schrumpft gerade bedenklich. Damit die Kirche nicht all diesen NervenSägenSegen verliert, der sie politisch aktiv halten will, darum muss auch ich bleiben ...


**Das Credo postchristlicher Hybris**

Ich glaube an mich selbst,
den Menschen, den allmächtigen,
den Schöpfer der Moden, des ständigen Wachstums, der
    Hungersnöte und Atombomben.
Und an den Fortschritt,
meinen vielbeschworenen Sohn, unsern Herrn,
empfangen aus der Arbeit meines Kopfes,
geboren aus der Ausbeutung der Natur, der Arbeitskräfte

und Dritte-Welt-Länder,
gelitten unter Rezession und Arbeitslosigkeit, Aussteigern
und Grünen,
kritisiert, totgesagt, fast begraben,
hinabgesunken zu bedrohlichen Inflationsraten,
durch Subventionen und Börsenmanipulation erholt,
aufgefahren in den Himmel der Sachzwänge und Konkur-
renzfähigkeiten;
von dort wird er wiederkommen, zu sättigen unsere
Sehnsucht nach komfortablem Leben.
Ich glaube an meinen Geist,
die Interessengemeinschaft der Reichen,
die Verdrängung des Todes
und ein dank Stammzellen, Hormonkur und Wohlstand
fast ewiges Leben.
Prost!

*

## Von der politischen Kraft der Bibel
*Gebet zu Matthäus 25,31–36*

Denn ich war fremd, und ihr seid nicht erschrocken
zurückgewichen.
Denn ich war fremd, und ihr habt nicht die Nase
gerümpft.
Denn ich war fremd, und ihr habt mir zugelächelt.
Denn ich war fremd, und ihr habt mich wiedererkannt.
Denn ich war fremd, und ihr seid auf mich zugegangen.
Denn ich war fremd, und ihr habt mich nach meinem
Begehren gefragt.

Denn ich war fremd, und ihr hattet mit meinem
Gestammel Geduld.
Denn ich war fremd, und ihr habt meiner Geschichte
gelauscht.
Denn ich war fremd, und ihr habt mir meine Wünsche
nicht ausgeredet.
Denn ich war fremd, und ihr habt mir behutsam eure
Welt erschlossen.
Denn ich war fremd, und ihr habt um mich geworben.
Denn ich war fremd, und ihr habt euch trotzdem nach
mir gerichtet.
Denn ich war fremd, und ihr habt Vorleistungen erbracht.
Denn ich war fremd, und ihr habt euch andernorts um
Vermittlung bemüht.
Denn ich war fremd, und ihr seid mir mit Toleranz
begegnet.
Denn ich war fremd, und ihr habt mir Raum gegeben.
Denn ich war fremd, und ihr habt mir Freiheit gelassen.
Denn ich war fremd, und ihr habt mir etwas zugetraut.
Nein, nichts Böses!
Denn ich war fremd, und ihr habt meinem ruhelosen
Herzen Halt gegeben.
Denn ich war fremd, und ihr habt meine Ängste ver-
standen.
Denn ich war mir selber fremd, und ihr habt schweigend
bei mir ausgeharrt.
Denn ich war fremd, und ihr habt unsere Verschieden-
heit zu schätzen, ja zu lieben gelernt.
Denn ich war fremd, und ihr habt euch mit mir vertraut
gemacht.
*Denn ich war fremd, und ihr habt mich aufgenommen.*

# 15 Kirche, die den Hass aus der Gesellschaft wegliebt

Immer wieder beschäftigt und empört mich der zunehmende Hass in unserer Gesellschaft. Und eine – wie ich finde – immer egoistischere Vorstellung von Freiheit. Rücksicht zu nehmen, fällt vielen Menschen offensichtlich zunehmend schwerer. Und damit zu akzeptieren, dass die eigene Freiheit durch die Freiheit anderer begrenzt wird. Menschen können und wollen dann nicht einsehen, was sowohl die Wissenschaft als auch die Politik, vor allem aber die Not anderer Menschen – der Kranken, der Gefährdeten, der Sorgenden und Pflegenden – von ihnen fordert. Für mich ein höchst dramatischer Mangel an Mitgefühl! Menschen ohne diese Einsicht ertragen nicht, wenn andere sie auf Freiheitsgrenzen hinweisen, wenn Freiheitsbeschränkungen von ihnen gefordert und gegen sie durchgesetzt werden. Ich halte das für nötig, um andere zu schützen.

Die Politik sagt zwar, diese HassGruppe sei klein; aber kennen wir nicht alle jemanden, recht nah unter Kollegen, Nachbarn, Familienmitgliedern, die zu denen gehören, die ihre Freiheit bedroht sehen und Angst haben vor Opfer und Selbstverlust? Und die in ihren Urteilen darum immer härter und bitterer werden, dem Hass zumindest schon recht nahe sind?

Aus all dem entsteht nun bei den einen immer mehr Wut und Hass, bei den anderen immer größere Ratlosigkeit und Ohnmacht.

## Religion als Träger von Altruismus und Empathie

Mich beschleicht dann ein Gefühl, dem ich sonst eher wenig Raum gebe: Ich klage über den allgemeinen Rückgang und Verlust an Religion in unserer Gesellschaft. Klar hat das jede Menge Gründe, an der diese Religion auch selbst mit schuld ist.

Aber die christliche Religion setzt sich idealerweise für umfassende Liebe ein. Sie wirbt dafür, sie wirklich als lebensgestaltende Kraft zu praktizieren. Und zwar nicht nur die romantische Partnerliebe, sondern eine fundamentale AllroundLiebe, die grundsätzlich für alle Menschen offen ist, auch für die fremdesten, sogar für die späterer Generationen. Die dabei bereit ist, wirklich etwas für andere zu tun, auch wenn es einem selbst nichts nützt, unter Umständen sogar anstrengend und schmerzhaft wird. Selbstlos für andere etwas von sich hergeben: Zeit, Geld, Kraft – oder eben auch ein Stück eigener Freiheit. Altruismus und Empathie und Engagement nennt das unsere moderne Sprache. Religiös und ein bisschen altmodisch würden wir sagen: Nächstenliebe und Barmherzigkeit und Demut.

Ich glaube:
Empörung, so sehr ich auch selbst welche empfinde,
hilft uns hier nicht weiter.
Es helfen ja nicht mal Argumente.
Der einzige Weg: den Hass weglieben!
Gegen den Hass anlieben.
Dieser aufgewüteten Welt Rücksicht vorlieben.

## Im Himmel verankerte Rücksicht

An der christlichen Religion finde ich besonders gut, dass sie menschliche Verantwortung und Rücksichtnahme, also diese notwendige Selbstbegrenzung, von der ich gerade sprach, *kosmisch verankert*, weil sie uns Menschen einem Gott gegenüber verantwortlich sieht. Weil sie die Liebe als ein Geschenk des Himmels deutet, das unser Herz so entzündet, dass wir gar nicht anders können, als sie – in einer Art »heiliger Verpflichtung« – anderen weiterzuschenken. Rücksichtnahme wird damit mehr als nur ein vages Almosen der Einzelnen, zu dem sie nur bereit sind, wenn sie es zufällig gerade einsehen und keine eigenen Interessen dagegenstehen.

## Auf der Erde verspieltes Vertrauen

Meine christliche Religion hat auf diese Wertorientierung kein Monopol. Es geht auch anders, auch ohne sie. Und natürlich ist mir klar, wie schlimm gerade ReligionsMenschen und unsere kirchlichen Institutionen bis heute in dieser Liebe immer wieder versagen, indem sie Menschen und ihre Macht über sie missbrauchen. So sehr, dass sie jede Menge Vertrauen und (fast) jede Reputation verloren haben, auch Unmengen von Mitgliedern. Da kann ich nichts, gar nichts beschönigen.

Aber auch und gerade angesichts dieses Versagens verfasster Religion steht die Frage für mich im Raum: Woher soll sonst heute die Kraft und die Motivation zu selbstloser Liebe kommen? Wer setzt sich wo dafür ein? Wer bekehrt die FreiheitsEgoisten zu mehr Rücksicht? Und wer vermag den wachsenden Hass zu bremsen?

Es ist gut, wenn es viele einzelne Menschen gibt, die sich hier engagieren. Es braucht aber aus meiner Sicht in diesem humanitär und demokratisch gefährdeten Zustand unserer Gesellschaft mehr. Es braucht dafür Gruppen, Vereine, Parteiungen, Institutionen, die das Engagement Einzelner stützen, verstetigen, verbreiten und verbreitern und absichern. Einzelne bleiben auf Dauer damit überfordert. Es braucht Gruppen, die sich umfassend diesem humanitären Anliegen verschreiben und nur durch möglichst wenig andere Interessen davon abgelenkt sind. Politische Parteien können und müssen hier einen Dienst leisten, vielleicht auch die Schulen und andere Träger von Jugendarbeit, wie Sportvereine, Freiwillige Feuerwehr usw. Aber diese Gruppen verfolgen primär (auch) andere Ziele und haben, was Nachwuchs und gesellschaftlichen Einfluss betrifft, ebenfalls Probleme.

Eine organisierte Friedensbewegung wie in meiner Jugend sehe ich nicht mehr. Bewegungen wie »Fridays for Future« und »Last Generation«, die ich lange Zeit stark fand und die man nicht auf ihre ökologischen Ziele reduzieren darf, scheinen sich inzwischen so tragisch zu radikalisieren, dass ihr gesellschaftlicher Einfluss abnimmt, bevor sie eine wirklich nennenswerte Kraft hätten werden können. Wo bitte sind weitere, einflussreiche Gesellschaftsgruppen, die sich gegen Egoismus und Hass starkmachen könnten?

### Eine andere Kirche sichtbar machen

Ich weiß, meine katholische Kirche kann in ihrer gegenwärtigen öffentlichen Erscheinung und mit dem Vertrauensverlust ihres Leitungspersonals dieser gesellschaftlichen Aufgabe von Religion als AntiHassKraft kaum entsprechen. Das ist mir schmerzhaft klar. Aber wir brauchen trotzdem Kirche in der Gesellschaft!

Darum müssten wir der Öffentlichkeit verstärkt eine andere Kirche präsentieren, die es gottseidank zurzeit ja auch noch gibt, weil noch nicht alle gestorben oder resigniert oder ausgetreten sind, die in ihrem Denken und Handeln ganz konkret und engagiert für eine Kirche der Liebe stehen. Wie könnten wir uns formieren und sichtbarer werden? Mit wem könnten wir uns zusammentun? Wie viel ginge da auch ökumenisch? Oder in Zusammenarbeit mit anderen Gruppen und Projekten?

Sie alle möchte ich herzlich einladen und inständig bitten: Unterstützen wir aktiv und wo immer wir können ein solches Zeugnis, eine solche Parteinahme für Liebe und Rücksicht. Sprechen wir mit den Skeptischen. Bemühen wir uns um sie. Das ist oft nicht leicht. Und manchmal muss man sich vielleicht auch distanzieren. Aber wir könnten zumindest für uns persönlich verhindern, dass wir selbst dabei bitter werden und auf die Wütenden wütend. Können wir ihnen vielleicht Offenheit und menschliche Annahme signalisieren und trotzdem zu unserer anderen Meinung stehen? Sicher eine Gratwanderung. Tun wir aktiv etwas dafür, dass sich die Gräben in der Gesellschaft nicht vertiefen. Tun wir es als »andere« katholische Kirche!

# 16 Die Weite suchen
## Gedanken zur GroßPfarrei II

**»Du führst mich hinaus ins Weite«**
*(Monolog eines engagierten Ehrenamtlichen[7])*

*(Ein Ehrenamtlicher kommt heftig stolpernd mit einem Besen durch eine Tür auf die Bühne, fällt nach vorn, rappelt sich auf, reibt sich den Allerwertesten, wie wenn ihn jemand hinausgestoßen und heftig in den »Allerwertesten« getreten hätte ...)*

Au! Mein Gott! *(guckt nach oben)*
Nennst du das »mich hinausführen ins Weite«?
Wäre es nicht vielleicht etwas sanfter gegangen?!
*(jetzt zum Publikum ... mit dem Besen in der Hand)*
Seit Jahren sorge ich da drinnen, in unserm Pfarrheim
... ach nein, nach der *(zählt an den Fingern)* drittletzten Renovierung so vor 25 Jahren sagen wir ja Gemeindezentrum!
Also da sorge ich seit Jahren als schnurrendes, glatt laufendes PfarrgemeindeRätchen ..., nun ja, ich werde zwar immer mit den meisten Stimmen gewählt, aber »Rat«, Pfarrgemeinderat *(er schüttelt den Kopf)*, man muss doch bescheiden bleiben ...

---

7   Dieser Text war mein spielerischer Eröffnungsbeitrag zu einem großen KirchenZukunftsForum auf dem 97. Deutschen Katholikentag 2008 in Osnabrück, der unter dem Motto »Du führst uns hinaus ins Weite« (Psalm 18,20) stand.

Hat sich ja viel geändert in den letzten Jahren mit dem Pfarrgemeinderat! Früher hieß Pfarrgemeinderat, da sitzen 15 Leute um den Tisch und dürfen raten, was der Pfarrer längst entschieden hat.

Das ist heute ja ganz anders geworden! Total anders!

Wir haben eigentlich gar keinen Pfarrer mehr.

Also jedenfalls keinen ganzen, nicht mal einen halben! Als wir beim Personalchef, also in der »Personalmetzgerei« vom Bistum waren und gefragt haben, ob wir nicht vielleicht doch etwas mehr Pfarrer bekommen könnten, da haben die gesagt: Wieso, ihr habt doch zwei Achtel! Mehr als zwei Achtel Pfarrer gibt's heute nicht für so eine Null AchtFuffzehnGemeinde wie euch.

Das Bistum schickt ja seine Mitarbeiter überall herum, sie sollen einen *PastoralPlan* aufstellen, ja sie sind so was wie Plan-ierraupen. »Plan« heißt hier: Es wird alles platt gemacht, eben plan, die Seelsorge, die Pfarrei, vor allem die Pfarrer, die walzt man so lange platt *(hübsch langsam gesprochen und mit Schiebegeste verdeutlicht)* – man schiebt sie quasi durch die Priestermangel – zieht sie hierhin noch ein bisschen, zerrt sie dorthin noch ein wenig, bis sie so platt sind, dass man sie flächendeckend über den ganzen Pfarrverband mit vier, fünf, sechs Gemeinden verteilen kann.

Apropos Pfarrverband – Verband für welche Wunde eigentlich? Na klar, für die Wunden, die Kirche sich mit der widersinnigen Aufrechterhaltung des Zölibats dauernd selbst schlägt!

Heißt bei uns im Bistum ja weder Pfarrverband noch Pastoraler Raum.

Pastoraler Raum, das kam von »pastorale Räumung«, Ausverkauf jeder personalintensiven Seelsorge. Heißt bei uns jetzt »Pfarrei neuen Typs«! Das ist wie bei den Autos. Neuer *Typ* meint da nicht ein wirklich neues, an die Herausforderung der Gegenwart angepasstes neues *Modell*. Nein, neuer Typ verändert im Grunde nur das äußerliche Design ...

Also da sorge ich als PfarrgemeindeRätchen im pfarrheimlichen Gemeindezentrum immer für Ordnung.

Und wie ich da gerade so prüfe, ob die Fenster alle ordentlich zu sind ... Sie müssen wissen, draußen vor unserer Kirche und rund ums pfarrheimliche Gemeindezentrum weht immer so ein verdammt frischer Wind ... Immer irgendwie stärker als anderswo. Und besonders immer in diesen klimatisch so gefährlichen Wochen nach Pfingsten ... – Weiß auch nicht, wo der herkommt. Immer von Pfingsten bis zu unserem Patronatsfest *Heiliger Siebenschläfer*. Dann ist es wieder vorbei.

Also, ob die Fenster ordentlich dicht ...

Und als ich die Sicherheitsschlösser an der Tür überprüfe, weil dieser frische Wind immer so *heftig* ruckelt an unserer Tür, da mache ich sie einen winzigen kleinen Spalt auf, die Tür, nur so ein bisschen, halt wegen dem Schloss ... und da ...

Da kriege ich doch von wer weiß woher einen derart kräftigen Tritt in den Allerwertesten, dass ich mir nichts, dir nichts hier mitten auf die Straße fliege, in euer Chaos von KirchenZukunftsForum!

Der große Boss himself *(er schaut ein bisschen verärgert und irritiert nach oben)* hat mich hin-ausgetreten in diese feindlich kalte Welt.

*(wieder nach oben schauend und sprechend)* Ja, ja, du hat-

test gesagt, du führst mich hinaus ins Weite! Es sei höchste Zeit, hast du gezischelt, als dein Heiliger Fuß mich traf, an meinem Siebenschläfer ...

Ja, ja, stimmt schon. Du hattest es schon etwas länger gesagt und am Anfang auch echt freundlich. OK, OK.

Aber du hast doch gesehen, ich musste erst noch drinnen Ordnung machen. Da war doch wieder diese *(ein bisschen abfällig)* Mutter-Kind-Gruppe ...

Ein Glück, dass ich das mit den Anonymen Alkoholikern und der Flüchtlingsgruppe verhindern konnte! Wie würd' es da sonst bei uns aussehen ... Nun ja, dass die spanische Gemeinde jetzt auch bei uns daheim ist, da konnten wir uns nicht wehren ...

OK; OK! Du hast mir auch schon länger immer wieder das mit den Hecken und Zäunen gesagt ...

Dass ich da mal hinsollte! Der Papst Franziskus, der sagt das auch immer: »Geht an die Hecken und Zäune!«

Mach' ich ja auch brav! Jede Woche einmal schau ich nach der spitzen Sanddornhecke und dem Stacheldrahtzaun, den wir perfekt um unser Pfarrheim gezogen haben ... Ist immer alles in Ordnung!

Was soll ich denn jetzt hier draußen!? Ist so hell hier und so zugig!

Verdammt frischer Wind! Den kann ich nicht ausstehen!

Und so viele fremde Leute ...!

*Was* soll ich?!

Zu den Saubermanns aus der Nachbargemeinde im Nachbarort?!

Ja bist du total verrückt geworden, da oben in deinem Himmel?

*Fusionsverhandlungen!?*

Du meinst: feindliche Übernahme!

Weißt du denn nicht, wer das sind, die Saubermanns?

Unsere Familien ... unsere Dörfer ... *(er macht eine deutliche Kampfgeste, Fäuste gegeneinander)* Das geht doch schon seit Jahrzehnten, seit Jahrhunderten so! Und davon leben wir doch! Willst du uns jetzt noch unser letztes Identitätsmerkmal rauben?

Auf unsere Lieblingsfeindschaft mit dem Nachbardorf lassen wir nichts kommen. Da steht nichts zur Disposition, eher ...

Außerdem weißt du doch, der Saubermann, der kümmert sich in der Nachbargemeinde ums Pfarrheim ...

Wir passen einfach nicht zusammen ...

Lass uns doch lieber fusionieren *(er denkt kurz nach)* – mit unserer evangelischen Nachbargemeinde!

*

### Hilfe, wir kommen uns näher!

Gestern, da waren wir viele,
gestern, da waren wir wer!
Ach, wie uns das heut' noch gefiele,
aber gestern, gestern ist halt schon ein paar Jahrzehnte
    her!

Kirche als Brüder und Schwestern,
leider mit Verfallsdatum dran?
Kirche als Geschwister – von gestern,
das sind wir, dicke Staubschicht drauf, man sieht es uns
    an!

*Refrain:*
*Hilfe, ach, hört mich denn keiner?*
*Hilfe, wir werden stets kleiner!*
*Recht haben die Rot- und Schwarzseher!*
*Hilfe, Hilfe wir kommen uns näher!*
*Es schiebt uns der Himmel behände*
*zu den Nachbarn auf Feindes Gelände!*
*Und bleibt auch der Widerstand zäher:*
*Hilfe, Hilfe, wir kommen uns näher!*

Gestern noch autark und getrennt,
jede Gemeinde selbständig und frei!
Nun ist Fusionieren im Trend:
Zehn Gemeinden werden heut' eine Pfarrei!

Früher mit DurchhalteGesängen,
Früher schien alles noch fein.
Konnten die Probleme verdrängen,
doch dann, vor Jahren schon, da holten sie uns ein!

*Refrain*

Dann sah man uns heftig klammern
an alles, was gestern noch galt,
hörte uns auch ganz schön jammern –
fühlten uns jämmerlich und ganz schrecklich alt!

Alt, weil nicht jung, ist in Ordnung!
Schlecht ist, wenn wir alt sind statt neu!
Stellt euch der biblischen Ford'rung:
Sehet, spricht Gott, sehet, ich mach' alles neu!

So wollt ihr heut' Neues ansteuern
als GroßPfarreiGemeindeUnion.
Aber wolltet ihr euch wirklich erneuern,
dann wär's endlich *(evangelisch + katholisch)*
   die ökumenische KirchenFusion!

Und sucht auch die Nähe zu denen,
die beiden Kirchen längst den Rücken gekehrt;
sich aller, aller Menschen anzunehmen –
das ist doch, was der Himmel uns lehrt!


*Hilfe, nein!*
*Helfe, dann hört dich auch einer!*
*Helfe, und Not wird schnell kleiner!*
*Zeig' es dem Rot- und Schwarzseher!*
*Danke, ja danke, wir kommen uns näher!*
*Es drängt uns der Himmel behände,*
*dass alles Getrenntsein nun ende!*
*Als visionäre ZukunftsErspäher:*
*Danke, danke, wir kommen uns näher!*

Ach, Schluss jetzt als NachbarschaftsFeinde!
Viel Glück: GroßpfarreienGemeinde!

## Pfarrers GemeindeHopping
*(Melodie: »Heute hier, morgen dort« von Hannes Wader)*

Heute hier, morgen dort, zehn Gemeinden, dein Sport,
wenn von Messe zu Messe du joggst!
Hast das du dir gewählt, die Termine gezählt,
wie du in tausend Sitzungen hockst?

Vorsicht, dann träumst du nicht mehr,
die Vision fällt dir schwer, dass du andres gedacht,
als du dich aufgemacht auf die Wege des Herrn,
and'ren Menschen ein Stern, sie das Hoffen und Träumen
    zu lehr'n.

Ist die Kirche noch wach? Geh'n die Uhren nur nach?
Ist nur Friedhof ihr tägliches Müh'n?
Wo sind Räume voll Licht? Wo die Zu-u-versicht,
dass das Leben in ihr wieder wächst?

Vorsicht, dann träumt ihr nicht mehr,
die Vision fällt euch schwer, dass ihr andres gedacht,
als ihr euch aufgemacht auf die Wege des Herrn,
and'ren Menschen ein Stern, sie das Hoffen und Träumen
    zu lehr'n.

Dieser Abend, dies Fest, ob es uns spüren lässt,
dass der Blick nicht nur nach rückwärts geht?
Schlägt, XY-Gemeinde, dein Herz denn noch hi-himmel-
    wärts?
Braucht es Schrittmacher, weil es stillsteht?

Passt auf, sonst träumt ihr nicht mehr,
die Vision fällt euch schwer, dass ihr andres gedacht,
als ihr euch aufgemacht auf die Wege des Herrn,
and'ren Menschen ein Stern, sie das Hoffen und Träumen
    zu lehr'n.

# 17 Kirche im LernProzess
## Vorsicht, Satire!

Gestern in der Kirche ... Oben in den obersten Etagen bei uns in der Kirche geht nix mehr ohne Netz und doppelten Boden, damit KirchenObere nicht so tief fallen. Umgekehrt bedeutet dies natürlich: Ehe der Heilige Geist sich im gefährlich-pfingstlichen Sturzflug wahllos auf seinen Gläubigen niederlässt, spannen die Oberen uns Unteren weit über den Köpfen ein Fangnetz, damit er sich nirgendwo niederlassen kann. Wo kämen wir denn sonst auch hin ...

### Kirche im LernProzess I
Naturgemäß meistens ein kurzer Prozess.

Was Pfarrer nicht lernt, lernt Bischofskonferenz nimmermehr!

Lang sind in der Kirche heute wieder nur die Prozessionen!

Nein, das stimmt nicht. Hätte sie aber gern. Sind nur nicht mehr viele da. Die, die mitgehen wollen, können nicht mehr (meist aus Altersgründen). Die, die mitgehen können, wollen nicht mehr (aus leider vielen Gründen) ...

Kirche im LernProzess. *Prozess!*

Wir rufen auf die Strafsache: Menschen von heute gegen Kirche von gestern!

Sozusagen: »Wir sind Kirche« gegen »Wir sind Papst«.

Die Menschen von heute als Kläger, die Zukunft von morgen als Nebenkläger gegen die nur »benedingt« reuige Kirche von gestern.

Ihr wird vorgeworfen, ihre Glaubwürdigkeit fahrlässig verspielt und Hoffnung und Vertrauen der ihr anvertrauten Menschen von heute wider besseres Wissen verraten und vielfach missbraucht zu haben. Geistlicher Missbrauch ist dafür ein wichtiger Terminus, denn das Problem ist weitaus komplexer und die Strukturen und Aspekte sind viel subtiler, als die schlimmen körperlichen Übergriffe allein erahnen lassen ...

*

## Ein Haus voll Glorie schaudert
*(Melodie: GL 478 – Ein Haus voll Glorie schauet)*

Ein Haus voll Glorie schaudert zurzeit bei uns im Land,
weil die Krise noch andauert, die länger schon entstand:
Kirche – Trauerclub! Bremst nicht den Austrittsschub!
Befang'ne Zeugen, Frohe Botschaft entstellt –
so pfeift auf uns die Welt.

Ein Haus voll Glorie schaudert zurzeit bei uns im Land,
weil die Krise noch andauert, die länger schon entstand:
Leere Kirchenbänk', Gezeter und Gezänk,
Zeigefinger nur und sau're Moral,
so sinkt das Vertrau'n total!

Ein Haus voll Glorie schaudert zurzeit bei uns im Land,
weil die Krise noch andauert, die jüngst bei uns entstand:

Missbrauch und Wegschaun verspielte viel Vertraun!
Aber die »BeWoelkten« sitzen das aus.
Und Rom schweigt oder spendet Applaus!


Das Haus voll Glorie schaudert zurzeit bei uns im Land,
weil die Krise noch andauert, die jüngst bei uns entstand,
weil manch Kirchenmann sich nicht enthalten kann!
Nicht schlimm, wenn sie für weibliche Reize blind ...
aber wenn die Erwählten minderjährig sind ...


*

## Kirche im LernProzess II

Der LernProzess findet statt vor dem obersten Richter
unter reger Beteiligung der Öffentlichkeit. Ein findiger
Verteidiger – bisher nicht in Sicht. Die meisten (Glaubens)Zeugen – vom obersten Richter wegen Befangenheit abgelehnt!

Und da kommt es mir ganz leise in den Sinn, voller
Melancholie und Rührung, weil ich scheinbar langsam
alt werde, und die Stimme zittert mir ganz leicht bei dem
wunderbaren kleinen Wort von Papa Giovanni ventitre-
esimo (Johannes XXIII.): *Aggiornamento!* »Aggiornamento«, hat er gesagt: Den Glauben an den Tag und auf
die Höhe der Zeit bringen! Ja, ihn zeitgemäß machen!
Schon zeitgeistig, wenn man so will. Das heißt allerdings
keineswegs, Glauben und Kirche dem Zeitgeist anzupassen, wie Benedikt XVI. und seine weltweit römischen
GeistGänger immer wieder so falsch wie polemisch be-
fürchteten ... Nein, aber auf Augenhöhe kommen mit der
gegenwärtigen Zeit und ihren geistigen Strömungen, dass

man mit ihr streiten und kämpfen kann! Und dem Zeitgeist nicht nur einfach geifernd und krückstockschwingend böse hinterherschimpfen!

Ja, sie ist weit vorangekommen, unsere Kirche – auf dem Weg in die Vergangenheit! Die Kirche handelt ja immer im »Rhythmus der Ewigkeit« und sie denkt stets in Jahrhunderten. Meistens im neunzehnten.

Und dann sehe ich einigen Zulauf bei den sehr formalfrommen JugendBewegungen ... wie sie alle heißen. Und ich merke mit einigem Schmerz: Aus meinem Religionsunterricht, aus meinem Firmkurs kommen die nicht! Aber woher dann? Sie haben – im Gegensatz zu vielen Jugendlichen aus meinem Umfeld – längst ihren Glauben gefunden. Irgendwo im Umkreis der tridentinischen Messe. Mindestens aber bei Nightfever. Und sie umschwärmen – inzwischen geht das nur noch mental – immer noch die Päpste Johannes Paul II. und Benedikt XVI. Das muss ja nix Schlimmes sein. Es gibt besorgniserregendere Idole, dachte ich immer. Beide konnten ausgesprochen wundervoll über die Liebe ... Ersterer reden, der Zweite schreiben ... wie Augustinus seinerzeit. Der hatte natürlich gut reden. Nachdem er aller exzessiv durchlebten Lüste überdrüssig geworden war, konnte er locker Verzicht lehren ...

Aber praktisch liefen die Ideen, die unsere letzten Päpste von Kirche hatten, dann doch immer wieder auf eine wenig liebevolle »societas perfecta«, die fehlerlose, vollkommene, dauernd gemaßregelte Gemeinschaft hinaus ... wie bei Augustinus damals ...

Und ich sehe unsere paar heutigen Priesterkandidaten. Nein – und auch das schmerzt mich –, aus der KJG (Katholischen Jungen Gemeinde) und dem BDKJ (Bund der Deutschen Katholischen Jugend) stammen sie nicht.

Manchmal frage ich in Gemeinden, zu denen ich komme: »Na, habt ihr nun einen jüngeren oder einen älteren Pfarrer? Aber Vorsicht«, sage ich dann mit traurigem Lächeln, »die wahrhaft jugendlichen Priester, die wir heute haben, sind die von 65 Jahren an aufwärts. Darunter haben wir die 35-jährigen Greise ...« Ernst daran ist mir, dass viele von Letzteren mir tatsächlich gleichzeitig so bübchen- wie greisenhaft erscheinen.

Der eine hat schon eine Banklehre. Ja, Messdiener waren sie alle. Und sie bleiben es irgendwie. Niemals siehst du sie in einem innigeren Moment, als wenn sie üben, den Kelch zu putzen. O heiliger Ästhetizismus!

Nicht, dass ich etwas gegen Schönheit und Freude in der Liturgie einzuwenden hätte! Und gegen die feierliche Feier von Sakramenten. Im Gegenteil! Nein. Aber wenn sich die Seelsorge ausschließlich im Vollzug von Sakramenten zu erschöpfen scheint, und wenn ich dann diesen brennenden Eifer für durchgestylteste AltarChoreographien sehe, mit so viel Pathos und den etwas zu groß ausholenden Bewegungen, da werde ich doch den Verdacht nicht los, dass hier junge Männer im heiligen Schein inniger Frömmigkeit nicht viel mehr inszenieren als sich selbst. Und dass sie nur sehr, sehr wenig Gemeinschaftsmahl zelebrieren, wohl einiges an Opfertheologie, vor allem aber ihre Eitelkeiten.

Fatal ist, dass ihresgleichen mit dem gleichen Vorwurf die Priester »der anderen Seite« kritisieren, die sie verächtlich »Konzilspriester« oder »Krawattenpriester« nennen. Wenn diese z. B. ins Hochgebet der Messe einen

Hauch Gegenwartsbezug und Alltagssprache einflechten, dann heißt es über sie: »Verrat« an der heiligen Liturgie und »Sie wollen sich nur selbst inszenieren« ...

Die Liturgie, die meine – ein bisschen frech – als »Kelchtänzer« apostrophierten jungen KlerikalPriester feiern, bleibt vielfach ohne theologischen Tiefgang. In der festen Annahme, traditionelle Rituale und alte Sprachformeln würden zeitlos gültig immer von allein wirken, auch in der Predigt. Tun sie aber nicht, wenn die Teilnehmenden zunehmend weniger im Ritus und in einer hermetisch in sich selbst abgeschlossenen, gegenwartsfreien Theologie beheimatet sind ...

Vor allem bleibt ihre Liturgie leider auch ohne spürbare Seelsorge, wenigstens als zu erahnende Haltung – das kann eigentlich niemals Gottesdienst sein! Christliche Liturgie ist untrennbar Gottesdienst und Menschendienst, darum braucht Liturgie immer auch eine seelsorgliche Dimension. Auch das Wort der Liturgie ist Sakrament und muss daher auch pastoral Gewicht und Tiefgang haben.

»Zweites Vatikanisches Konzil?«, frage ich einen dieser Priesterkandidaten, und »Würzburger Synode?« Meine Augen leuchten, mein Herz klopft. Hat er mal irgendwo was von gelesen, sagt er und seine Augen bleiben so kalt, wie es mir dabei wird. Kein Wunder, dass es heute kaum mehr »konziliante« Kirche gibt!

Ja, er habe schon mal Zweifel für sich mit dem Zölibat gehabt, sagt ein anderer von ihnen. Aber Pastoralreferent werden? Nein, das niemals! Er brauche die Liturgie.

Merkt er gar nicht, dass nicht nur die Priester Anteil an der Liturgie haben und wie entlarvend despektierlich er damit von der Gemeinde denkt und spricht?

»Dann lieber wieder in die Bank«, sagt er. Die mit dem Geld meint er, nicht die Kirchenbank. Da sitzt ja nur das Volk.

Zur Primiz bekommt er ein vergoldetes Lektionar. Und einige Messgewänder, die an Wertigkeit jeden Brautstaat weit in den Schatten stellen.

Aber aus der Schule mussten wir ihn als Religionslehrer entfernen, weil er in einer eigentlich sehr braven sechsten Gymnasialklasse einen Nervenzusammenbruch befürchtet hat. Das sei einfach nicht seine Berufung, sagt er. Dann wäre er ja Lehrer geworden ...

Und ein junger Kaplan vom gleichen Kaliber beschwert sich bei uns im Ordinariat über seine Versetzung in eine dörfliche Gegend: Er habe hier überhaupt nichts zu tun, stöhnt er, und wisse gar nicht, was er hier überhaupt solle, wo es hier keine einzige Werktagsmesse gibt.

»Ja, wenn Werktagsmessen ein wesentlicher Inhalt deines priesterlichen Lebens sind«, frage ich ihn, »ist es dann nicht auch deine Aufgabe, dir eine Klientel dafür zu erwerben?« – »Nein«, sagt er und zeigt es in seinem gesamten Verhalten, »herbeischaffen muss das Volk jemand anderes.« Wahrscheinlich die Kolleg:innen im pastoralen Dienst. Wofür sind die denn auch sonst da? Als Nichtgeweihte können die in seinen Augen ja niemals Seelsorger:in sein ... Er jedenfalls ist nur dazu da, den sakramentalen Gnadenbrunnen fließen zu lassen, von oben nach unten. Und er ist ganz schön oben ...

## Konzilsgeneration

Du, Christ, gehörst mit deinen 50, 60 Jahren heute zu den
    »Jungen«,
die noch beschwingt sind von Synode und Konzil,
die nicht stets zeitgeisttaub die frommen Lieder nachge-
    sungen
vom klerikalen AutokratenFührungsstil!

So jemand kann auch noch mit heil'gem Zorne wüten,
wenn Kirchenherrn borniert und jesusfern
nur abgestorb'ne Traditionen hüten,
als ob das Leben und die Liebe niemals auferstanden
    wär'n!

So fühlen wir schon heute, was uns fehlt,
wenn diese wahre Jugend, leicht ergraut,
nun bald nicht mehr zu den Gestaltern zählt,
die auch ein kritisch' Wort zu sagen sich getraut!

Die jungen Alten gehen, sagen gute Nacht;
die Kirche fällt in tief'res Gestern,
wo man – aus Angst vor neuen – lieber wieder alte Fehler
    macht,
und keiner ist mehr da, nicht mal zum Lästern!

Jawohl, mein Ton ist melancholisch
und ob die Nacht wohl gut wird, weiß ich nicht.
Die Nacht sei nicht das Ende, sagen wir symbolisch.
Seht ihr, Konzilsbewegte, denn an diesem Tunnel Licht!?

Doch halt, auf dass ihr mich nicht missversteht:
Auch ich mag meine Seele gern in Weihrauch tauchen
und weiß, wie sehr mein Herz auf Mozartmessen steht;
ich fühle nur die Kirche diese Tradition missbrauchen:

Denn wieder siegt das Formelhafte und die Norm,
der sich das Leben anzupassen hat,
und Mittelalter, Restauration beginnt von vorn,
Aufklärung, Emanzipation versickert matt.

Die jungen Alten geh'n,
was kommt, sind vielfach greisenhafte Junge,
die wieder sehr auf tote Traditionen steh'n:
Sehr römischer Geist pflegt tridentinisch-lateinische
    Zunge.

Nun hast du, Christ, die 50 überschritten,
schon immer hat man um die Jugend sich gesorgt wie um
    das eig'ne Kind
und hat an ihnen wohl aus irgendeinem Grund gelitten.
Wie es wohl kirchlich sein wird, wenn *diese* Jungen 50
    sind!?

## Lied der Kardinäle in Rom

*(Melodie: Horch, was kommt von draußen rein)*

1. Horch, was kommt von draußen rein? hollahi, hollaho,
wird wohl nicht der Zeitgeist sein, hollahihaho!
Geh vorbei und komm nur nicht rein, hollahi, hollaho!
Wir möchten lieber alleine sein, hollahihaho!

2. Machen wir die Pforten dicht, hollahi, hollaho,
stört er uns're Ruhe nicht, hollahihaho!
Stets von gestern ist uns're Zeit, hollahi, hollaho,
das Heute liegt so weit, so weit, hollahihaho!

3. Küng, Boff, Rahner, Drewermann, hollahi, hollaho,
*Pfarrer XY* kommt als Nächster dran, hollahihaho!
Kriegen eins auf den Doktorhut, hollahi, hollaho,
ha'm theologisch zu viel Mut, hollahihaho!

4. Und das neue Kirchenrecht *(nun ja, 1983!)*, hollahi,
hollaho,
ist diesbezüglich gar nicht schlecht, hollahihaho!
Schränken wir die Laien ein, hollahi, hollaho,
die sich sonst zu sehr befrei'n, hollahihaho!

5. Vorsitz im Pfarrgemeinderat, hollahi, hollaho,
und der Laien Predigtsaat, hollahihaho,
das geht nun wirklich doch zu weit, hollahi, hollaho,
mit der Laienmündigkeit, hollahihaho!

6. Laien woll'n ins Leitungsamt, hollahi, hollaho,
ein Einfall, der vom Teufel stammt, hollahihaho!
Amt in Ehe? Niemals, Herr!, hollahi, hollaho,
uns Römer liebt dann keiner mehr, hollahihaho!

7. Stets soll'n wir der Vormund sein, hollahi, hollaho,
für unsre Schäfchen, Kinderlein, hollahihaho!
Heute und in Ewigkeit, hollahi, hollaho,
sei *verdammt* der Laien Mündigkeit, *Haleliluja*!

*Wem das den Kardinälen in den Mund gelegte »verdammt«
hier doch als etwas zu scharfe Polemik erscheint, sei bitte
eingedenk, dass in unserer Kirche über weite Jahrhunderte
und bis hinein ins letzte jede Auseinandersetzung, die eigentlich inhaltlich hätte ausgetragen werden müssen, mit
dieser Vokabel »verdammt« (»anathema sit«) geführt wurde: »Er sei ausgeschlossen!«*

# 18  Ökumene bitte!

Wie sähe es mit der Rolle und dem Ansehen der Kirchen in Deutschland wohl aus, wenn wir tatsächlich analog zu den Fusionsprozessen, die wir innerhalb unserer Kirchen haben, auch endlich ein Zusammengehen unserer Konfessionen evangelisch und katholisch erreichen könnten? Und zwar eine echte Vereinigung, keine einseitige, indem eine Kirche dem Geltungsbereich der anderen beitreten müsste wie damals die DDR der BRD. Wir reden zwar auch auf katholischer Seite oft vom »Aufeinanderzugehen in versöhnter Verschiedenheit«, wo die sich vereinenden Kirchen ihre Spezifika behalten können – wie es ja auch bei den innerkirchlichen Fusionen der Fall ist. Wenn es aber wirklich darauf ankommt, dann sind wir Katholischen nur bereit, Versöhnung unter Beibehaltung und Anerkennung unserer Normen zu akzeptieren. Viele theologische Streitpunkte von früher sind weitgehend beigelegt. Auch wenn dies noch nicht in jeder Seele und an jedem Ort beider Kirchen angekommen ist. Da gibt es spannende Dokumente der Übereinstimmung und Übereinkunft, z. B. zu Abendmahl und Eucharistie. Probleme bleiben in den Fragen nach Amt, Ordination und Weihe ...

Mein Hauptproblem bei diesem Thema aber ist – und darum schreibe ich diese Gedanken auch in mein *Trostbüchlein* –, dass inzwischen viel zu wenige Menschen in unseren Kirchen unter der Trennung leiden und sie überwinden wollen. Wir sind so träge und so an die Trennung gewöhnt, wir sind so ermüdet in unseren innerkirchlichen Kämpfen, dass wir uns einen (sicher steinigen und steilen) Weg zur KonfessionenFusion, der ja einfach nur mal schon beginnen müsste, ohne gleich am Ziel zu sein, nicht vorstellen können oder wollen.

Ich verspreche mir aber einiges Trost- und Aufbruchspotenzial für beide Kirchen, wenn sich mehr Leute für einen wirklich gemeinsamen Weg starkmachen würden.

Natürlich brächte uns das weitere Probleme in der katholischen Weltkirche, deren römische Führung uns ja ohnehin schon für weitgehend protestantisiert hält ... Aber das sollte uns nicht schrecken. Ich würde eher die Anfrage an Rom zurückgeben, was dort denn wirklich fruchtbar für die Einheit der Christen getan wird. Gut, im Kontakt zur christlichen Orthodoxie passiert mehr. Aber das müsste doch gerade ein Ansporn sein, auch mehr Richtung Protestantismus zu tun.

Ich lebe so gern wie glücklich in konfessionenverbindender Ehe. Trotzdem frage ich mich, ob wir beim Thema Konfessionalität heute vielleicht schon weiter wären, wenn 1974 die sogenannte Mischehe *nicht* erlaubt worden wäre. Diese Öffnung hat so viel Druck aus dem Kessel des Skandals der Kirchentrennung genommen, dass sich viel zu viele Leute seither mit der Trennung der Kirchen arrangieren und persönlich keine Veränderungskraft mobilisieren.

## ÖkumeneAufruf I

*(Melodie: GL 392 – Lobe den Herren)*

Lobet den Herren ihr Christen nun stärker gemeinsam,
dann sind die Kirchgänger bei euch auch nicht mehr so
einsam.
Setzt weiter den Trend, den Ökumene man nennt,
das wäre für alle heilsam!

Schmeißt jetzt zusammen, was einzeln so jämmerlich
leidet,
wo jeder Hirte nur seine zwei, drei Schäfchen weidet!
Suchtet, was eint, auch wenn der Stolz in euch weint,
weil ihr Veränd'rung gern meidet!

Springt über'n Schatten und füllet die garstigen Gräben!
Himmel, Geist, Liebe woll'n in euch Vereinigung leben!
Habt endlich den Mut! Gebt Macht ab, das tät' uns gut!
Und wird *(gesprochen: in Gesellschaft und Öffentlichkeit)*
unser Ansehen heben!

## ÖkumeneAufruf II

*(Melodie: Wenn alle Brünnlein fließen)*

Wenn alle Grenzen fließen, muss Einheit möglich sein
auch zwischen unser'n Kirchen, auf, kämpft nicht mehr
    allein?
Der Papst schränkt seine Rechte ein, halleluja, macht sich
    klein,
kann Zeichen der Einheit sein.

Wenn alle Christen einig sind, dann finden wir ein Amt,
das Wahrheit fördert und bewahrt, von allen anerkannt.
Dann kann man Christsein sehen, halleluja, es wird
    geh'n,
wieder christlich wird das Land.

Wir müssen es nur wollen und dafür etwas tun,
statt schweigen: handeln, rufen, dann bleiben nicht
    immun
die hohen Kirchenherren, halleluja, sich nicht sperr'n,
wenn wir uns zusammentun!

*

*Meine Fassung von »Sonne der Gerechtigkeit« (S. 99f.) enthält ebenfalls einen deutlichen ÖkumeneAufruf.*

# 19  Von der »heiligen Einseitigkeit«

Auch hier könnte schnell der Eindruck entstehen, es handelte sich um Satire. Aber nein. Der Aufruf zur »heiligen Einseitigkeit« und zum »christlichen Extremismus« klingt zwar vielleicht ironisch, ist aber im hier vorgestellten Gedankengang vollkommen ernst gemeint ...

Ich finde ja, die Kirche dürfte nicht so ängstlich sein! Vor allem fürchtet sie sich vor der Gegenwart, die sie gern als »Zeitgeist« beschimpft. Der Mensch von heute mit seinem Denken und Handeln, mit seinem Selbstbewusstsein und seinen Erwartungen für sich und an andere – er macht der Kirche Angst. Das will sie aber nicht wirklich wahrhaben und verbirgt ihre Angst darum gern hinter Prinzipienstrenge und autoritärem bis triumphalistischem Auftreten.

Sie fordert gern Mäßigung und die Ausgewogenheit des sogenannten goldenen Mittelwegs, wenn sie sich mit Erwartungen anderer an sie schwertut. Ihrerseits ist sie aber kaum bereit, bezüglich solcher Erwartungen anderer (mit denen sie sich schwertut ...) selbst Balance und einen Mittelweg, sprich einen Kompromiss herzustellen. Die Forderung nach Ausgewogenheit erscheint so manchmal als phrasenhafte Ausgelogenheit.

Was soll das überhaupt mit dieser sogenannten Ausgewogenheit? Wenn man immer nur die Ausgewogenheit sucht, dann hat man letztlich nichts als Stillstand. Ich halte dagegen z. B. viel von der »Tugend der heiligen Einseitigkeit«. Wir benutzen ja gern und oft Bildworte, um von Kirche zu reden, z. B. das »Schiff«: »Schiff, das sich Gemeinde nennt«, Kirchenschiff, Schifflein Petri usw.

Versetzen wir uns nun also mal gedanklich in dieses Boot, in dem wir als Kirche alle miteinander sitzen: Wenn die Mannschaft auf dem Schiff Schlagseite verursacht, indem sie in der großen Masse der Besatzung nur ganz leicht verrutscht, egal ob nach links oder nach rechts und wenn dann nur noch wenige Leute auf der anderen Seite sind, dann müssen die sich, um das Gleichgewicht des Bootes zu halten, auf ihrer Seite ganz extrem weit hinauslehnen, sonst kentert das Schiff unweigerlich.

Sie müssen also zwangsläufig ganz extrem *einseitig* sein und sich sehr weit heraushängen, viel weiter als jeder Einzelne aus der nur leicht verrutschten Masse auf der anderen Seite.

Wie unfair, diesen rettenden »Extremisten« ihre Einseitigkeit zum Vorwurf zu machen und sie zur sogenannten Ausgewogenheit und zum angeblich goldenen Mittelweg zurückzurufen. Sie sind es, die das Boot vor dem Kentern bewahren! Ihre Einseitigkeit und ihr Extremismus haben notwendigen und heilsamen Charakter. Sie dürfen ihre extreme Position überhaupt nur dann verlassen, wenn die große, träge (wenn auch nur unmerklich leicht verrutschte) Masse endlich bereit ist, sich auch wieder zur Mitte zurückzubewegen.

Viele »Seeleute« in Kirche und Welt bräuchten dringend eine klarere Sicht und mehr Mut für diese »Tugend der heiligen Einseitigkeit«.

Habt also in der Kirche zukünftig bitte weniger Angst vor pointierten Positionen!

## Wir sind das Schiff Ecclesia

*(Melodie: Ein Schiff, das sich Gemeinde nennt)*

Wir sind das Schiff Ecclesia
und schlingern durch die Zeit.
Zum Ziel, das Gott dem Schiff gesetzt,
war's selten wohl so weit!
Und Weitblick fehlt der SteuerCrew,
so fährt's Schiff rechts im Kreis
und dreht sich damit nur um sich,
dem Kentern nah, wer weiß?!
Wer kennt noch Sendung, Auftrag, Sinn,
die Antriebskraft im Schiff?
Wie meistert's, wenn die Lotsen blind,
im Meer Orkan und Riff?

*Refrain:*
*Man denkt nur: Klagelied – wenn man die Kirche sieht!*
*Kommt, Propheten und macht uns're Kirche neu!*
*Macht die Kirche neu!*

Ecclesia ein Rettungsboot!
Für wen, in welcher Not?
Ein Lastkahn! Doch für welche Last,
bei so viel »Frachtverbot«!?
Ecclesia ein Traumschiff wohl,
für Kreuzfahrt and'rer Art!
Ein bisschen »Greenpeace«-Aufklärer,
der Wahrheit sucht und wahrt!
Ein Fluchtschiff! Doch wer flieht vor was?
Die Kirche vor der Zeit?!

Nein, Platz muss für Boat People sein,
die flieh'n vor Not und Leid!

*Refrain*

Ecclesia ein Eisbrecher,
das wär' ein echtes Ziel!
Bricht sie das Eis von Zorn und Hass,
bringt Liebe sie ins Spiel,
dann heuern auch mehr Leute an
und kommen mit auf Fahrt,
Begeist'rung bläst die Segel auf
und keiner mit sich spart!
Und Kirche zeigt, was Leben heißt,
das wäre auch ihr Sinn.
Dann lebt sie wieder Gottes Geist
und wir sind mittendrin!

*Dann: ein Freudenlied – wenn man die Kirche sieht!*
*Ohne »oben« und »unten« – viel fromme Leut'!*
*Na los, beginnt schon heut'!*

# 20 Woher unsere Kraft?

Manchmal hilft nur Klagen und Schreien.
Alles rauslassen,
den Schmerz und die Wut und die Enttäuschung
einfach rausschreien.
Das befreit Herz und Seele,
das reinigt die Luft
wie ein Donnerwittergewetter.
Manchmal hilft nur Klagen und Schreien. Punkt.

Das setzt zwar Kräfte frei,
aber es kostet und es verbraucht
genau diese Kraft,
manchmal unsere letzte.

Anders das Lachen,
anders die Freude,
anders das Glück.

Auch sie setzen Kräfte frei
nach außen,
aber
auch nach innen.
Sie leeren nicht unsere Reserven,
der Tank bleibt voll.
Sie verzehren nicht, was sie verbrauchen, sie
füllen, Fülle, Erfüllung.

Die Quelle versiegt nicht,
der unser Lachen entspringt,
Lachen bildet Lachen der Freude,
kleine und größere Pfützen des Glücks.
*Was für ein heiteres Wort: GlücksPfütze.*
Das ist der springende Punkt,
die Quelle quillt und versiegt nicht.

Herz und Seele
gewässert mit Freude,
nicht rissig gerissen,
nicht schrumpelig geschrumpft,
nicht Lache, sondern Lachen,
nicht Brache mehr, sondern Pracht.

Woher kommt die Kraft?
Von der Freude.
Woher kommt die Freude?
Von der Liebe.
Woher kommt die Liebe?
Vom Leben.
Woher kommt das Leben?
Von Gott,
der höchstselbst die Kraft ist
und die Freude und die Liebe und das Leben.

Und daher ist dies mein liebstes biblisches Lebenswort:
»Die Freude an Gott ist eure Kraft« (Nehemia 8,10).

# Der Autor

**Stefan Herok, PastoralrefeRentner**

Geboren 1957 in Fulda als fünftes von sechs Kindern. Aufgewachsen in Wiesbaden in noch klassisch-katholischem Milieu, das sich gerade für Impulse des Zweiten Vatikanischen Konzils zu öffnen beginnt. In der kirchlichen Jugendarbeit hat er seine Freunde und seine Freude, frühzeitig Verantwortung übertragen zu bekommen und sich für und mit Menschen zu engagieren.

Als Statist am Theater bekommt seine Lust an Sprache, Inszenierung und Musik bereits in Jugendjahren prägende Impulse; gleichzeitig vergällen ihm aber dort gemachte Erfahrungen den Wunsch, Theaterwissenschaften und Germanistik zu studieren. Ins kurze perspektivische Vakuum hinein präsentiert ihm sein ReligionslehrerVater einen neuen TheologenBeruf, der keinen Zölibat erfordert: Pastoralreferent. Er könne es sich ja mal anschauen ...

An der theologischen Hochschule der Jesuiten in Frankfurt, St. Georgen, herrscht sowohl theologisch als auch kirchenpolitisch ein Klima, das als frischer Wind und Reformoffenheit in den Spuren des Konzils und der Würzburger Synode wahrzunehmen ist. Den alten Glauben möglichst lebendig ins Heute zu übersetzen und in Gemeinschaft erfahrbar zu machen, erlebt und erlernt er dort. Die Mittel für sein Studium erwirbt er sich u. a. hinter dem Tresen mancher Kneipe, zuweilen noch im Theater und auch mit einem studentischen Lehrauftrag an seinem alten Gymnasium, wo er drei Jahre zuvor Abitur gemacht hatte. Nach dem Studium ist er Zivi für junge Leute, deren ReliLehrer er zuvor war.

1982 tritt er seine erste Stelle als Pastoralreferent im Gemeindedienst an. Nach acht Jahren wechselt er in die bischöfliche Schulabteilung und leitet bis 1993 das Religionspädagogische Amt in Kelkheim am Taunus, dann für zwölf Jahre das in Wiesbaden. Zur Tätigkeit gehören u. a. Religionsunterricht sowie Aus- und Fortbildung für Religionslehrkräfte und Erzieher:innen. 2005 erhält Stefan Herok den Auftrag, bistumsweit Ansätze für Schulpastoral zu entwickeln, indem fähige Personen an geeigneten Orten kirchliches Handeln im Umfeld von Schule verstärken: religiöse Orientierungstage, Lehrer- und Schüler:innenSeelsorge, »Räume der Stille« etc.

Als Ende der 80er-Jahre die Predigt von Laien in der Eucharistiefeier offiziell verboten wird, sucht er sich eine andere Kanzel: das KirchenKabarett. Mit kühlem Verstand, heißem Herzen und spitzer Zunge seiner Kirche den Spiegel vorzuhalten bzw. den BekehrungsBesen anzusetzen, wo sie oft weit hinter Anspruch und Auftrag zurückbleibt, wird Teil seiner Verkündigung. 2008 kommt er damit sogar in die Endrunde des ersten deutschen KirchenKabarettWettbewerbs in Bad Honnef ...

Er engagiert sich im Deutschen KatechetenVerein und ist einer der Organisatoren regelmäßiger DiözesanKatechetenFeste. Für das erste Fest erfindet er 1990 das Motto, aus dem der Frankfurter LiederDichter Eugen Eckert ein Lied macht: »Eingeladen zum Fest des Glaubens« – heute einer der weitverbreitetsten Songs des Neuen Geistlichen Liedes.

2011 wird er zum Kommunikationsreferenten der »Pfarrei neuen Typs«. Seine Aufgabe ist es, mit allen Beteiligten im Bistum den Bedarf und die Möglichkeiten von verstärkter Kooperation bis zur Zusammenlegung von Pfarreien zu diskutieren. Er hat seine Rolle gern als »Schönredner der GroßPfarrei« ironisiert; er hält den Gesamtprozess nicht für fehlerfrei, aber doch für notwendig und weitgehend gelungen.

2016 übernimmt er im Bistum das wieder eingerichtete LiturgieReferat, das es während der TebartzJahre nicht gegeben hat, in Kombination mit Aufgaben im Bereich Katechese und Spiritualität. Schwerpunkt ist die Entwicklung und Stärkung neuer LiturgieFormate, z. B. die Reihe »Liturgie fürs Ohr« mit BibelHörspielen bekannter Autor:innen wie Feridun Zaimoglu, Navid Kermani, Barbara Honigmann u. a., die teilweise in Anwesenheit der Autor:innen in besonderen Kirchen oder etwa in einer Hotellounge gehört, meditiert und besprochen werden.

2019 muss Stefan Herok aus gesundheitlichen Gründen die bistumsweiten Tätigkeiten aufgeben und kehrt kurz vor der Pensionierung (2021) in den Gemeindedienst zurück, womit sich der Kreis eines spannenden Tätigkeitsreigens von 40 Jahren Kirchendienst auf schöne Weise für ihn schließt. Als Rentner engagiert er sich bei Beerdigungen, mit RadioBeiträgen und ökumenischen Gottesdiensten.

Stefan Herok lebt seit mehr als 45 Jahren mit der freischaffenden Künstlerin Heike Künkler-Herok zusammen.

Internetpräsenz:
www.studio-machart.com und www.heroks.de